HISTOIRE

DES

JÉSUITES DE PARIS

PENDANT TROIS ANNÉES (1624-1626)

ÉCRITE PAR LE P. FRANÇOIS GARASSE

DE LA COMPAGNIE DE JÉSUS

ET PUBLIÉE

PAR LE P. AUGUSTE CARAYON

DE LA MÊME COMPAGNIE.

PARIS

L'ÉCUREUX, LIBRAIRE

RUE DES GRANDS-AUGUSTINS, 3

1864

HISTOIRE

DES

JÉSUITES DE PARIS.

HISTOIRE

DES

JÉSUITES DE PARIS

PENDANT TROIS ANNÉES (1624-1626)

ÉCRITE PAR LE P. FRANÇOIS GARASSE

DE LA COMPAGNIE DE JÉSUS

ET PUBLIÉE

PAR LE P. AUGUSTE CARAYON

DE LA MÊME COMPAGNIE.

PARIS

L'ÉCUREUX, LIBRAIRE,

RUE DES GRANDS-AUGUSTINS, 3

1864

Le P. Garasse! — Voilà, et de beaucoup,
le nom le plus honni, le plus vilipendé des
écrivains du xviiᵉ siècle. Ces injures ont
trouvé, dans le siècle suivant, de vigoureux
échos et le nôtre ne s'est fait faute de les répéter, sur la foi des anciens. Si le dictionnaire
à l'usage des dames de la halle venait à se
perdre, on en retrouverait tous les mots,
même les plus hardiment accentués, dans les
satires et pamphlets lancés contre le P. Garasse. Les écrivains en réputation, *à la pointe
Saint-Eustache,* trouveraient dans ces diatri-
bes épicées, une collection d'adjectifs tout à
fait dans le goût de ce quartier, parfumé de
l'odeur de la marée.

Tout semblait permis contre Garasse. Rarement l'invective a eu plus d'entrain, la satire plus de moqueries, et la haine plus envie de souiller. On semblait vouloir étouffer Garasse, sous une avalanche d'écrits infamants lancés de toutes mains : protestantes, jansénistes, universitaires; celle des libertins,— on nommait ainsi les ancêtres de nos libres-penseurs,—se signala tout particulièrement. Dans cet immense concert de sifflets, dont on a salué le nom de Garasse, tout le monde a fait sa partie, et le nom d'un de ses frères se trouve sur la liste des concertants.

Mais pourquoi tant de cris et d'injures, de satires et de malédictions, contre un homme perpétuellement traité de méprisable bouffon? Si le mépris était son lot, pourquoi tant de fiel et de colère? Si les livres de Garasse faisaient seulement hausser les épaules, pourquoi tant de fureur contre sa personne? L'usage n'est point de battre un écrivain dont le style fait bailler; lui tourner le dos suffit à son châtiment.

Mais il est temps de dire la faute du P. Garasse : il avait une plume dont il se servait au grand déplaisir des ennemis de l'Eglise et de la Compagnie. Cette plume était pour eux une épée; plusieurs en furent percés et beaucoup revinrent du combat le visage balafré.

Notre but n'est point de faire ici une de ces réhabilitations devenues à la mode : le métier de remetteur à neuf de célébrités oubliées, ne nous tente point : nous laissons cette besogne aux littérateurs sans ouvrage. Pour nous, tout en admirant les belles pages et le caractère de Garasse, notre intention n'est point de le mettre au martyrologe des écrivains méconnus.

La Compagnie de Jésus doit beaucoup au P. Garasse; il a été un de ses enfants les plus dévoués, un de ses plus intrépides soldats : nous écrivons son nom avec un sentiment de gratitude et de fierté. Mais ce double sentiment ne nous aveugle point et nous confesserons, pour être vrai, le défaut du P. Garasse : il a souvent manqué de mesure et de goût : c'était le défaut de son temps; et sur la liste des littérateurs, ses contemporains, je ne sais où trouver un innocent pour lui jeter la première pierre.

Le P. Garasse n'était point un littérateur
de profession : champion de l'Eglise et de la
Compagnie, il combattait pour la vérité,
sans s'inquiéter des formes académiques.
C'était un zouave frappant avec la baïonnette
et non point un écrivain faisant de l'escrime
avec sa plume, en vue des applaudissements
des spectateurs. Garasse s'est fait beaucoup
d'ennemis et ce n'est pas miracle! Les gens
dont on écorche la peau gardent de ces caresses, un aigre souvenir au fond du cœur et
le font paraître aux occasions.

Ces occasions n'étaient point rares : Garasse
parlait beaucoup et souvent écrivait. Quand
il prenait sa plume, c'était le plus ordinairement pour mettre en pratique cette parole
de l'Ecriture : *Responde stulto juxta stultitiam
suam.* Montrer aux insensés leur sottise, et
les en guérir par le ridicule, voilà l'explication des livres et du style de Garasse. Avant
de passer outre, nous croyons utile de donner un spécimen de cette façon d'écrire, tant
reprochée à l'auteur de la *Doctrine curieuse.*

Mais si nous choisissions nous-même, on
nous accuserait, comme étant de la famille,

de n'avoir point mis la main aux bons endroits : nous ferons mieux : notre spécimen
sera choisi de main universitaire.

M. Charles Nisard a mis le P. Garasse
parmi ses : *Gladiateurs de la république des
lettres :* tous ces gladiateurs sont allemands ou
italiens ; Garasse est le seul français de la
collection. M. Nisard s'amuse beaucoup du
style grotesque de notre *gladiateur :* voyons
en lisant deux ou trois pages avec lui, s'il y
a de quoi se dilater considérablement :

« Qu'on parle, dit Garasse, à nos jeunes
« épicuriens, s'ils savent les commandements
« de Dieu et de l'Église; s'ils savent ce que
« c'est que de bien vivre; de se bien con-
« fesser, de communier dévotement; de prier
« Dieu, en bons catholiques; ils se moque-
« ront de tout cela, ils en feront des risées et
« diront : *neque album neque nigrum*, je ne
« sais que c'est ny blanc ny noir ; mais si vous
« demandez que c'est le blanc ou le rouge , le
« clairet ou le paillé, je vous le dirai bien, car
« en fait de cabaret nous y sommes docteurs,
« mais quant à la méthode de se bien confes-
« ser, c'est ce que nous ne fismes jamais,

« comme chose de peu de conséquence : une
« chose savons-nous parfaitement, que le des-
« tin gouverne tout, et que s'il est escrit que
« nous soyons damnés, il sera irrévocable-
« ment : s'il y a dans l'arrêt que nous soyons
« sauvés, tant mieux pour nous : en attendant
« nous ne laissons pas de nous en donner par
« les joues et de nous gorger de plaisirs : pour
« tout le reste qui concerne les mystères de la
« théologie, les rubriques de la messe et au-
« tres gentillesses dont on abbreuve la popu-
« lace, c'est cela que nous faisons état d'igno-
« rer... Un bel esprit est libre en sa créance et
« ne se laisse pas aisément captiver à la créance
« commune, de tout plein de petits fatras
« qui se proposent à la simple populace, etc...
« Esprits profanes et vilains, poursuit Ga-
« rasse, qui poseraient volontiers dans le ciel
« un *mauvais lieu* ou un cabaret, et qui ne se
« servent des anges ni des saints que pour en
« tirer des allégories infâmes, et les faire par-
« ler en termes *abominables* comme ils ont
« fait nommément dans leur *Parnasse saty-*
« *rique*..... Là dedans quels blasphèmes exé-
« crables ne disent-ils pas de la vision et de

« l'amour béatifique? quelles profanations
« n'ont-ils pas inventé sur la lumière de gloire?
« quels instruments de martyrs n'ont-ils ap-
« pliqué à leurs maudites inventions! Ils ont
« ravy le gril d'entre les mains de saint Lau-
« rent, pour en faire une armure complète à
« Cupidon, leur tutélaire. Le taureau à saint
« Eustache, les flèches à saint Sébastien, la
« caverne à sainte Madeleine, la roue à sainte
« Catherine, les cailloux à saint Etienne,
« pour traduire tous ces sacrés meubles en
« matière d'impiété et de vilainie..... Si vous
« pouvez remontrer à nos jeunes libertains
« qu'ils se gastent corps et âme? ils vous di-
« ront : *tant y a, c'est mon destin!* Mais voyez-
« vous pas que vous estes pourry devant le
« temps, que vous avez perdu le poil, la santé,
« l'honneur, les moyens de salut? *tant y a que*
« *je m'en vente ; j'en fais des odes, c'est mon*
« *humeur.* Mais n'avez-vous pas de honte de
« publier vos infamies à tout le monde? *Tant*
« *y a que j'en fais des satires!* et afin qu'on
« m'en croie je le jure cinq et six fois, *tel est*
« *mon destin!.....* Telle est la stolidité de nos
« athéistes ; car quand ils sont au bout de

« leurs raisons ; ce qui est bientôt après le
« commencement, ils n'ont d'autres paroles
« en la bouche que celle-là : *tant y a, c'est mon*
« *destin, je vous l'ai dit, c'est mon génie.*
« Beaux esprits qui n'ont qu'une chanson
« comme le berger Agnelet..... A la bonne
« heure que ce soit votre destin que vous l'es-
« timiez ainsi, que vous le désiriez pour en-
« tretenir vos humeurs folastres et libertines,
« ou pour gagner une lippée à la faveur d'une
« ode très-impudique : sachez que votre destin
« vous rendra malheureux, que vous ne trou-
« verez pas toujours la nappe mise chez les
« seigneurs, qui se servent de vous comme de
« bouffons. Sachez que les tavernes et caba-
« rets d'honneur ne seront pas toujours en
« vogue... Sachez que les pensions des grands
« tariront, que leurs libéralités s'épuiseront,
« que leurs volontés se changeront... Sachez
« que vos brutalités seront cognues d'un cha-
« cun, vos blasphêmes seront décriez, vos im-
« piétés en horreur, votre nom en proverbe,
« votre mémoire en abomination, votre doc-
« trine anathème, votre esprit en risée, votre
« salut au desespoir ! Tel est le licol que vos

« Parques vous ont filé, tel est le destin que
« vous avez fait et formé vous-même. »

M. Nisard, on le comprend, a de bien mé-
diocres admirations pour cette prose offen-
sante des oreilles délicates ; mais quand il arrive devant cette page où Garasse se résume,
et conclut contre les modernes épicuriens, il
semble pris de compassion et douter du bon
sens de notre *gladiateur*. Voyons si cette compassion part d'un bon naturel. Nous copie-
rons avec M. Nisard :

« Je finis ce sujet pour passer à un autre
« aussi important, et dis, que quand nos
« jeunes Épicuriens se verront sur le point de
« fermer les yeux, de rendre conte à Dieu de
« leurs débauches passées, de quitter les
« douces compagnies, d'abandonner les sei-
« gneurs, les cuisines, les cabarets, les lieux
« infames, les plaisirs de la Cour ; quand
« leurs excez, leurs yvrogneries, leurs impu-
« dicitez, leurs sodomies auront rompu le
« filet de leur vie, sur le mestier même.

« Quand ils se verront tels que se descrit le
« sieur Théophile en la Satyre, de ses sueurs
« infames, quand ils tomberont à pieces et

« lambeaux, quand leurs os seront cariez par
« les gouttes, leurs reins greslez par une cen-
« taine de cailloux, leur poil au vent, leur
« corps dans un hospital, ou entre les mains
« d'un bourreau pour vomir leur âme mal-
« heureuse, comme Fontanier et Lucilio Va-
« nino, lors ils commenceront à voir que leur
« ame est immortelle, leur corps une car-
« casse, leur réputation perdue, leurs plai-
« sirs escoulez, leur salut désesperé, leur
« mémoire maudite, leur nom persécuté,
« leur mort proposée à la postérité entre les
« exemples funestes, et l'histoire de leur vie
« rangée entre les accidens tragiques, pour
« servir de miroüer à leurs semblables, et
« de bride à tous nos descendans, lors ils
« hurleront comme des chiens enragez, et
« diront: *nos insensati vitam illorum æstima-*
« *bamus insaniam*, etc. » (*Doct. curi., p. 907.*)

Si nous disions notre sentiment sur cette
page de Garasse, M. Nisard nous réciterait
assurément ce vers du Misanthrope:

Quoi! vous avez le front de trouver cela beau?

Nous ne répondrons point, afin de ne pas
agacer les nerfs de M. Nisard. Aussi bien

ne va-t-il pas nous accuser de citer des passages sérieux et de laisser de côté les endroits scabreux et de mauvais goût?

Nous ne mériterons point ce reproche; ce mauvais goût, nous l'avons avoué, et nous prendrons comme spécimen du genre, celui de M. Nisard lui-même : spécimen précédé de ces lignes si délicatement servies. Nous copions :

« N'allez pas croire que Garasse raisonne
« avec les huguenots plus qu'avec les liber-
« tins; il sent trop la faiblesse de sa dialec-
« tique. Et comme parmi les huguenots il y
« avait des logiciens serrés, très-capables de
« lui faire perdre les arçons dès la première
« passe, il reste prudemment en-deçà de la
« barrière, d'où il les invective avec toute la
« violence et l'indécence d'un suppôt de
« mardi-gras.

« Par exemple, il se raille des sentiments
« divers et contradictoires des huguenots sur
« la présence de Jésus-Christ dans l'Eucha-
« ristie ; s'il y est *cum*, s'il y est *sub*, ou *in*,
« ou *trans*, ou *tropicè*, ou *figurativè*, ou
« *metaphoricè*, ou *realiter*, etc.

C.

« Théodore de Bèze, dit Garasse, conteste
« contre nous, que nous devons prendre la
« sainte hostie avec la main d'autant que
« Notre-Seigneur a dit : *Accipite et mandu-*
« *cate,* prenez et mangez. Or, est-il, dit Bèze,
« qu'on ne prend qu'avec la main non pas
« avec la bouche. Or, pour repondre à cette
« ineptie, je pense que Th. de Bèze, escri-
« vant ces choses, avait pris un peu trop de
« vin, non pas dans la main, mais dans la
« teste. Car qui est-ce qui ne voit que nous
« prenons non-seulement avec la main, mais
« encore avec tous les organes du corps?
« Suyvant la Theologie de Bèze, il faudrait
« dire que quand les medecins nous ordon-
« nent un *gargarisme* il le faut prendre avec
« la main : quand on prend un mal conta-
« gieux, que c'est avec la main qu'on le
« prend; que quand un voyageur prend de
« l'eau par ses bottes ou ses souliers, c'est
« avec la main qu'il la prend; que quand
« une personne vient malade, pour avoir pris
« le soleil ou le serain, c'est par la main qu'il
« l'a pris. A ce compte les manchots et les
« paralytiques qui ne peuvent etendre la

« main pour recevoir, seraient exempts de
« beaucoup de maladies, etc.

« Je ne dis pas que pour l'ordinaire on ne
« se serve de la main pour prendre, comme
« quand il arriva à Theodore de Bèze qu'il
« *prit* et derobba une cuiller d'argent dans
« une hostellerie d'Allemagne, l'ayant peut-
« estre par mesgarde oubliée dans sa pochet-
« te, et que la chambrière du logis le suivait
« en criant : *Redde, Domine, redde quod*
« *furatus es*, ainsi qu'il est rapporté par le
« docteur Claude Despenses. »

Abrégeant un autre chapitre, M. Nisard
continue ses citations : « Stancari , quoy qu'il
« fut Italien et ministre, est encore plus naïf
« que ce bon Suysse (Zuingle), car au livre *de*
« *Trinitate* il fait un souhait digne de son hu-
« meur, savoir : qu'il se trouvast un Apoti-
« quaire au monde qui pilast et broyast dans
« un mortier, cent Martin Luther, deux cens
« Melanchton, trois cens Bulinger, quatre
« cens Calvin, cinq cens Bèze, il n'en tirerait
« pas une once de théologie. A quoi Garasse
« ajoute..., que qui aurait broyé, pilé, pul-
« verisé , pressé, quintessentié, et reduit

« quinze cens corps de Ministres (protestants)
« ferait un terrible restaurant d'iniquité, un
« pressis d'ignorance, une thériaque de ma-
« lice, un extrait de bestise, un alchermez
« de luxure, une confection de sottise, une
« paste de perfidie, un consomé de folie, une
« decoction de barbarie, une gelée de gour-
« mandise, une panspermie de tous les vices
« imaginables : Dieu nous garde à ce conte
« de tels ingrediens et du pot-pourry du Mi-
« nistre Stancari. »

Nous sommes au bout du chapitre : nous
y trouvons ce manque de goût et de mesure
dont nous avons parlé; mais y voir *toute la
violence et l'indécence d'un suppôt de mardi-
gras,* n'êtes-vous pas un peu sévère, M. Nisard? pour ces drôleries dont les contemporains de Garasse se délectaient sans vergo-
gne : trouvant bien fait, de répondre aux sots
selon leur sottise. Garasse parlant de son
livre, se loue *de ce qu'il a fait son coup, qu'il
était nécessaire ou très-utile, pour le temps.*
M. Nisard est moins indulgent pour ce gros
in-4° de la *Doctrine curieuse :* « Aussi bien ce
« livre n'est-il qu'un monstre, il était même

« difficile qu'il en fût autrement. Il n'est pas
« donné au fanatisme, à la colère, à la ven-
« geance d'enfanter des chefs-d'œuvre. »

C'est bien dit; Voltaire, le grand pour-
fendeur du fanatisme, n'a rien de mieux.
On sait comment il a traité Garasse : il aurait
voulu faire de ce nom propre, un nom commun, pour servir de pendant à ceux d'*Esco-
bard* et d'*Escobarderie;* mais l'Académie n'a
pas sanctionné cette tentative. Comme tous les
critiques de *Garasse,* Voltaire (ses admira-
teurs en conviennent) le vilipende à plaisir et
le dépasse, hors de toute comparaison, en fait
de qualifications mal sonnantes. Aucun mot
ne lui paraît trop gros ou trop insultant, s'il
peut s'en servir impunément contre ses adversaires. Mais nous ferions injure à Garasse
en le justifiant par les excès de Voltaire.

Quand la *Doctrine curieuse* parut, tout le
monde voulut la lire, on la dévorait; mais en
fermant le livre, les lecteurs se divisaient en
deux camps, les uns pour applaudir, les autres pour siffler à outrance. Parmi les tapa-
geurs on comptait le Prieur Ogier et l'illus-
trissime Balzac, le compatriote et l'élève de

Garasse. Jamais élève ressembla-t-il moins à son maître ? En fait de style ce sont les deux extrêmes. Le seul nom de Balzac fait penser à ce style quintessencié ; à ces phrases tirées à quatre épingles, faites, refaites, limées, compassées, ayant le poli et la froideur du marbre. Balzac mettait des gants pour écrire : il travaillait dans le délicat et le superfin : les gens assez heureux pour recevoir une de ses épîtres, la conservaient dans des boîtes à parfums. Son beau style le fit académicien, avant même la création de l'Académie.

A l'apparition de la *Doctrine curieuse*, Balzac s'empressa de la demander à son ancien maître, il la reçoit, la lit et taille sa plume pour la malmener. Ce *gros livre*, comme il l'appelle, sans oser le désigner autrement, lui cause un insuportable dégoût, et ce dégoût il l'exprime à satiété dans une de ses lettres adressée au public, sous le nom d'*Hydaspe*.

Garasse ne se tint pas pour battu : sa réponse fut bientôt prête, et un in-4° de 31 pages, à l'adresse de Balzac et du public, se trouva chez tous les libraires de Paris.

Balzac avait dit, faisant allusion à son ancien maître : *Il n'est si chétif maçon qui ne
puisse se vanter d'avoir mis une pierre dans le
Louvre*. Garasse n'oubliera pas cette ama-
bilité de son élève, comme nous allons le
voir dans un fragment de sa réponse, écrite
en style un peu sauvage, il faut en convenir:

« Monsieur mon cher amy, je vous don-
« nerai le nom de Sacrator, puisqu'il vous a
« pleust me donner celuy d'Hydaspe, et je
« vous jureray sainctement par toutes les
« choses que vous estimez sacrées, que j'ay pris
« plus de divertissement à la lecture de vos
« lettres que vous ne receustes d'affliction
« cette automne passé, à celle du *gros livre*
« dont vous me parlés, d'un desgoust presque
« aussi incurable que le reste de vos maux...

« Vous m'escrivez franchement et en amy
« les défauts prétendus du *gros livre*, lequel,
« a vostre instance et prière redoublée, je
« vous envoyai pour dix jours environ. Vous
« m'avez obligé en ce faisant, et par vostre
« exemple non seulement conseillé, mais
« aussi presque commandé de vous escrire
« les remarques qu'on a faict, par deça, sur vos

« lettres. Je suis comme l'écho du public,
« qui vous rendray fidellement ce que j'ay
« entendu, sans y ajouter mes passions en
« qualité d'apostilles ou commentaires, et,
« pour votre satisfaction entière, adjousteray
« mon advis, conforme à celuy du commun,
« touchant *ce personnage, autheur du gros*
« *livre,* qui fait le vray sujet de vostre lettre
« imaginaire.

« Pour ce qui vous touche, on remarque
« par deça, quelques notables défauts qui font
« l'ame de tout vostre volume. Le premier
« est vostre façon d'escrire, dissipée, vaga-
« bonde, arrogante, imprudente et sauvage.
« Toutes vos lettres ne sont qu'un pressis
« d'une mélancholie noire et d'une gloire ma-
« gnifique, qui approche de bien près du
« phrénétique. Vous avez tort de protester
« comme vous faites en l'une de vos lettres,
« que vous ne reconnaissez autre sang que
« celuy des cerizes et des meures : il est trop
« réfrigératif pour avoir de la sympathie avec
« le vostre, qui est chaud, bilieux et adulte.
« Il y a plus dans vos escrits du sang de dra-
« gon et de celuy des centaures que de celuy

« des cerizes. Vos périodes sont des périodes
« lunatiques; vos locutions sont des ampou-
« les; vos virgules sont des rodomontades;
« vos interponctuations sont des menaces : le
« tout cimenté, lié, composé avec des gri-
« maces de muhamedis, qui sont comme la
« quintessence de vos œuvres; vos contours
« de teste, vos agitations de bras, vos roule-
« mens des yeux, vostre enfleure de bouche,
« vostre horiblement de voix, vos demarches
« inesgales, vos palpitations, vous font une
« fièvre de vostre estude, et, quand vous
« composez, on peut dire que vous estes ou
« dans le frisson, ou dans la chaleur, jamais
« dans l'égalité ny dans le tempérament d'un
« homme sain. Enfin vous seriez propre à
« crier du noir à noircir et à composer un
« soldat gascon.

« La seconde tare de vos lettres gist en
« vostre grand amour de vous mesme; vostre
« esprit n'est remply que de soy...

« La troisième faute de vos lettres est un
« dédain insupportable, de tout ce qui n'est
« pas vous mesme.....

« .....Vous escrivez à un de vos amis que

« pour parler à un homme, il faut aller à cin-
« quante lieues de là ; en quoy vous faictes tort
« à vostre père, qui n'est pas si loin de vous,
« ou que vous ne l'estimez pas homme. Toute
« cette province est-elle si dépourvue de bons
« esprits qu'il ne s'en trouve pas un seul digne
« de vostre entretien ?...

« La cinquième, que ce personnage qui
« donna jadis les commencements à votre pro-
« fondissime érudition (le P. Garasse), est le
« dernier de tous les hommes. Je vous dis,
« comme si j'avais procuration de sa part,
« qu'il acceptera cette place, à condition que
« vous disiez franchement, si vous n'estimez
« pas estre le premier de tous les hommes...

« La sixiesme, que vous taschez d'oublier
« tout ce que vous avez appris de luy et vous
« deffaire des ordures du collége. J'espère
« tant en la bonté de vostre esprit que vous
« viendrez enfin à bout de vos desseins, et
« qu'oubliant tout ce que vous avez appris de
« luy, vous retournerez à vostre première
« ignorance...

« Vous n'êtes pas heureux en vos compa-
« raisons, car vous êtes, quoy qu'en la fleur

« de vos ans, ruyneux comme Bissestre, cre-
« vassé comme la vieille monnoye, cassé
« comme une idole; *et vous vous comparez au*
« *Louvre!* Sacrator, mon amy? croyez-moi,
« pensez à vous, humectez vostre cervelle,
« prenez le frais, ne vivez pas toujours dans
« les ardeurs de la canicule, espargnez vos
« esprits, qui ne sont pas de durée; ne rongez
« pas vos pattes comme un ours, pour pro-
« duire en six mois une lettre de trois pages.
« De vostre village que vous descrivez comme
« un canope, n'en faites pas une zone torride.
« Apprenez que tout le monde n'est pas beste,
« adoucissez vos humeurs, revenez dans le
« chemin commun. Ne traictez pas tellement
« avec les grands que vous ne vous souveniez
« qui vous este..... On dit que vous este tou-
« jours dans le zénit de la noblesse imaginaire
« et des souveraines grandeurs, quoy qu'il ne
« soit pas texte d'Evangile, ny d'histoire,
« qu'avec toutes vos tulipes, vous soyez du tout
« aussi noble, que les nobles à la rose; on dit
« que parlant de vous, vous permettez, con-
« seillez, commandez à vos flatteurs de vous
« appeler : *el senor Balzac unico eloquente.*

« Que si cela est, que deviendront nos chaires,
« notre Palais, si toute l'éloquence est con-
« finée dans le village de Balzac? Serons-
« nous contraints de nous rendre bergers de
« votre ferme... pour avoir les restes de votre
« *éloquence divine ?* »

Garasse continue sur ce ton, et revenant
sur les mauvais procédés de son élève il lui
dit :

« Vous savez que la chèvre qui allaitait jadis
« un jeune loup, le faisait en souspirant, pre-
« voyant le malheur qui luy devoit arriver
« d'une si mauvaise géniture. Il (votre maître)
« vous a jadis alaité plus charitablement que
« vous ne méritiez... il ne pouvait se persua-
« der que vous dussiez devenir un loup ravis-
« sant, quoy que tout le monde l'en menaçast ;
« il était bien aise de se tromper volontaire-
« ment et vous abismer dans les obligations.
« Votre mauvais naturel a surmonté la cul-
« ture, etc. »

Cette verte leçon fut profitable à Balzac, il
jugea prudent de ne plus risquer sa prose contre celle de Garasse : il se reconcilia avec son
ancien maître et le fit sincèrement; Balzac

était chrétien et la seconde moitié de sa vie
fut celle d'un chrétien modèle.

Le P. Garasse pour faire la paix écrivit à
Balzac, et ce dernier, en lui répondant, ne se
laissa pas vaincre en générosité :

« Vous avez trouvé l'endroit par où je con-
« fesse que je suis faible, et pour m'obliger de
« me rendre, votre courtoisie n'a rien laissé à
« faire à mon courage... Puisque nous durons .
« si peu, il n'est pas raisonnable que nos pas-
« sions soient immortelles, ni que ceux-là se
« soulent de la vengeance, à qui Dieu en a aussi
« bien deffendu l'usage que l'excez, etc. » La
lettre de Balzac est une pièce curieuse, mais
trop longue pour trouver place ici. Nous la
renvoyons à l'appendice de ce volume.

Le Prieur Ogier ne se contenta pas, comme
Balzac, d'une simple épître, il fit une satire
en règle : on en va voir l'effet sur Garasse.
Le livre d'Ogier manque de passion et de sel ;
c'est une collection d'injures, récitées en manière de litanies, *pour le bien des Jésuites*,
dont Garasse déshonorait le nom et l'habit.
Les Jésuites furent peu touchés de cet excès
de tendresse, et Garasse, dont la plume était

toujours prête, rendit au jeune Prieur la
monnaie de sa pièce. La riposte le rendit
muet : nous en citerons un passage, où Garasse se peint assez bien lui-même :

« Les interpretes des Sainctes Ecritures ont
« faict une belle remarque, lorsqu'escrivant
« sur les Epitres de sainct Paul, ils ont ob-
« servé que ce grand apostre aymoit si fort et
« si tendrement le nom de Jésus, qu'il ne
« s'est peu lasser de le prononcer et de l'es-
« crire, et de vray, en si peu d'Epitres que
« nous avons de luy, il se trouve escrit avec
« beaucoup de sentiment 242 fois de conte
« faict, et la nature nous enseigne, que nous
« ne parlons de rien plus souvent que de ce
« que nous avons au cœur.

« Que si cette règle est véritable, je dis
« que mon accusateur a plus son cœur à la
« farce qu'à son breviaire, car en ce libelle
« diffamatoire qui contient seulement deux
« cent treize pages, et si n'en contient que
« trop, il a prononcé plus de trois cent cin-
« quante fois le mot de *farce*, de *bouffon*, de
« *basteleur*, le redisant avec si grande pompe
« de paroles, telle abondance de synonymes,

« et de termes si ridicules, qu'il oblige le
« monde à conjecturer, par l'appétit qu'il prend
« à redire les noms de *Garguille*, de *Taba-*
« *rin*, de *Brusquambille*, et autres mots que je
« n'avais jamais ouy ; qu'on le trouvera plus-
« tost (au théâtre) *à l'hostel de Bourgogne* que
« dans l'Eglise. Il m'accuse d'avoir l'humeur
« bouffonnesque en escrivant, à quoy je suis
« obligé de respondre, pour me purger de ce
« blasme très indigne, et lui faire voir que
« les Quinze-Vingts (les aveugles) nous ap-
« pellent borgnes.

   « Il apprendra s'il luy plaist que tous traicts
« et pointes d'esprits ne se doivent pas qua-
« lifier du nom de bouffonnerie, car s'il en-
« tendait quelque chose en théologie, il
« aurait appris par la lecture de nos livres,
« qu'il y a une vertu nommée Eutrapelie,
« qui est entre la trop grande sévérité, et la
« bouffonnerie, par laquelle vertu, un homme
« d'esprit faict de bonnes et agréables ren-
« contres, qui resveillent l'attention des au-
« diteurs ou des lecteurs, appesantis par la
« longueur d'une escriture ennuyeuse, ou
« d'un discours trop sérieux.

« Et ceste humeur est non seulement com-
« patible avec la saincteté de la vie, mais
« encore une marque évidente de cette allé-
« gresse intérieure que Dieu demande à ses
« serviteurs, *Hilarem enim datorem diligit*
« *Deus :* de semer partout de bons mots et des
« rencontres guayes, je l'improuve grande-
« ment : de n'en dire jamais je le souffre ès hu-
« meurs stoïciennes, mais dans un livre de
« longue haleine qu'on y doive reprendre
« cinq ou six mots d'honneste récréation, et
« qu'on doive trois cent fois appeller un
« homme *bouffon, basteleur* et *Brusquambille*,
« nommément quand ces rencontres d'esprit
« sont lancées contre les ennemis de Dieu,
« comme les miennes, c'est avoir l'humeur
« ou excessivement noire, ou grandement
« malicieuse. Mais bon Dieu, qu'eust dit
« M. Augier s'il eust vescu et conversé avec
« ce grand serviteur de Dieu, le bien-heureux
« Jordain, second général de l'Ordre des
« Frères Prescheurs, qui faisait à tous pro-
« pos des reparts excellents, et avait des sail-
« lies d'esprit plus joyeuses que celles qu'il
« reprend dans mes escrits ? Que dirait-il

« s'il lisoit les anciens prédicateurs renom-
« mez en saincteté de vie , comme nommé-
« ment sainct Vincent Ferrier.

« Sainct Augustin mesme , cet esprit si
« dévot et si sérieux, estoit néantmoins jo-
« vial , et laschoit souvent des mots récréa-
« tifs, pour lesquels je ne voys point qu'il ayt
« faict des *rétractations* : qu'on lise la plaisante
« histoire couchée au premier livre *de or-*
« *dine*, touchant la souris qui rongeoit la
« paille de son lict, qu'on voye en l'une de
« ses Espistres, vers le nombre trente ou
« quarantiesme , cet apologue si récréatif,
« touchant cet idiot qui tomba dans un puits,
« lequel on ne scauroit lire , sans je ne sçay
« quel épanouissement d'esprit, qui feroit
« rire les plus sauvages aristarques du monde.

« Que s'il est question de rayer des livres
« toutes les histoires ou apologies agreables
« qui ont de la pointe (mon censeur) verra
« dans le chapitre suivant quel degast on
« feroit à la république des lettres...

« Il y a dans le commun du monde des
« esprits si mal faicts, que quand ils voyent
« rire un religieux, ils l'estiment un perdu et
c.   ***

« réprouvé, eux néantmoins qui ne rient ja-
« mais que de vilainies, et si rient tousjours!
« Mais mon Dieu, que voudraient ces gens
« de nous? que nous gemissions comme les
« marmouzets des voutes, qui font une gri-
« mace pleurarde, comme si la voute les cre-
« vait de pesanteur, quoy qu'ils ne portent
« aucune charge ?

« Les bons religieux ne sont ny ne doivent
« point estre de ceux qui exterminent leur
« visage comme les hypocrites. Si je dois
« gémir suivant l'advis de sainct Hierosme,
« c'est autant pour les peschez de mon aris-
« tarque, lequel je voy prendre le chemin de
« perdition, que pour les miens propres,
« pour lesquels je tâche de faire pénitence. Je
« prie le bon Dieu qu'il luy fasse la grace de
« s'amender des siens, et à moy de m'envoyer
« plustost mille morts que de permettre que
« je sois atteint, voire mesme de l'ombre de
« ceux dont il m'accuse, avec des parolles si
« sales et indignes de sa profession et de la
« mienne.

« Que si j'ay lancé quelques traits d'hironie
« contre les libertins en mon livre de la *Doc-*

« *trine des athéistes*, il doit scavoir que mon
« dessein estoit, en cette première partie, de
« les rendre mesprisables et les destruire
« premièrement, pour édifier en la seconde
« partie, la vérité catholique par bonnes et
« solides raisons, comme par bonnes et soli-
« des raisons j'ay ruyné son contraire en la
« première. Les bonnes preuves et raisons
« massives contre nos esgarez, sont comme un
« coup de masse contre une balaine; les
« pointes qui la touchent au vif sont bien plus
« fortes pour la faire rendre, que les coups
« sourds qui l'estourdissent. Tandis qu'on
« respondit à Thersite par raisons seulement,
« il estoit insensible comme une balaine as-
« sablée, il ne faisoit autre chose que remuer
« ses grandes oreilles; mais quand Diomède
« adiousta des pointes aux raisons, il reco-
« gneust sa sottize, et commença à jetter des
« larmes qu'Homère appelle *Larmes de cru-*
« *che*, pour ce qu'elles estoient grosses et
« sottes... »

Plus loin Garasse s'explique sur ces *pré-*
tendues bouffonneries dont Ogier espérait
assommer puissamment sa réputation, puis

il résume ainsi les injures de son accusateur :

« En somme après avoir dit plus de trois
« cents fois que je suis un *bouffon*, s'imagi-
« nant que cela soit, à force de le dire,
« comme les Japonnois s'imaginoient qu'ils
« feroient descendre la lune du ciel à force
« de cris et de tintamarres, il me passe les
« pieds sur le ventre, et triomphant de ma
« réputation qui grouille encore à ses pieds,
« ne tenant plus qu'un filet de vie par sa mi-
« séricorde, il dit que le bruit court dans
« Paris, que je vaque à ma seconde partie,
« en laquelle, à ce qu'on dit, je dois respon-
« dre fortement et d'un air plus sérieux ; mais
« qu'il m'estime si incapable de ce faire, l'es-
« prit si bas, les pensées si triviales, le sça-
« voir si pédantesque, que si je fais jamais
« bien, à son gré, il l'ira dire à Rome, et me
« canonizera à tout jamais : s'imaginant que
« mon honneur ne despande que de sa plume,
« et mon infamie de sa volonté.

« A quoy je luy respons, que n'ayant ja-
« mais rien veu de luy que cette pièce, qui
« est son coup d'essay et son chef-d'œuvre

« en matière de médisance et d'impudicité,
« je l'estime si incapable de faire mieux,
« que s'il me trompe et qu'il s'amande, je
« lui promets, non pas de le canonizer, pour
« ce que je n'en ay pas le pouvoir, et qu'il
« s'esgare fort du chemin pour y parvenir;
« mais s'il escrit avec plus de pudicité, de
« gravité, de modestie, de charité chres-
« tienne et ecclésiastique, *sicut decet sanctos*,
« je luy feray donner par les libraires de ma
« connoissance un *breviaire* pour sçavoir ce
« qu'il y a dedans. »

Outre cette réponse, argument *ad homi-nem*, Garasse en donne une meilleure où il fait allusion à la critique de ses sermons :

« Secondement je respons qu'outre les au-
« tres graces dont je suis redevable à Nostre
« Seigneur, celle-cy n'est pas la moindre,
« que Dieu mercy jamais; *mais je dis jamais!*
« il ne m'est sorty parolle sale et deshoneste
« de la bouche : j'ay eu, graces au bon Dieu,
« des maistres en mon enfance qui m'ont
« inspiré une hayne execrable de ce vice, et
« despuis que je me suis peu reconnoistre
« je n'ay point empiré les bons advertisse-

« ments de mes jeunes ans. Je m'irois con-
« finer entre quatre murailles, ou gratter les
« racines d'un désert, pour faire pénitence de
« mes ordures, si cet honeste ecclesiastique
« disoit vérité, en la moindre parolle de ses
« calomnies.

« Seulement lui diray-je, qu'il peut eschoir
« quelquefois que les religieux, et ceux là
« nommément qui ont porté le joug de Jésus-
« Christ dès leur bas âge, comme moy, qui
« fus appelé à l'âge de quinze ans, peuvent
« par simplicité usurper des parolles, qui sont
« usitées dans le monde, honnestes en appa-
« rence, et d'une très-maudite entente parmy
« les personnes desbauchées : ce qui est ar-
« rivé plus d'une fois à de très-habiles prédi-
« cateurs, qui eussent donné très mauvaise
« opinion de leur saincteté, si on ne leur
« eust fait la faveur de les estimer igno-
« rans. » (*Gladiateurs*, *t. II. p. 327.*)

Ces observations de Garasse, M. Nisard
veut bien les trouver assez concluantes.

Nous ne savons si le Prieur Ogier éprouva
de sensibles consolations en lisant l'*Apologie
du P. François Garassus*, où son livre et sa

personne étaient si malmenés. La pilule
n'était pas même dorée, tant s'en faut; mais
elle produisit son effet. Ogier considérant
son étourderie et aussi comment Garasse ac-
commodait ses adversaires, jugea prudent de
faire sa paix avec lui; et, comme Balzac, il
se réconcilia sincèrement.

Garasse fut moins heureux avec les héritiers de Pasquier : la *jésuitophobie* du père
avait passé dans le sang de ses enfants. Garasse avait vu le vieil Estienne Pasquier
partir de ce monde en maudissant les jésuites, comme il n'avait cessé de le faire pendant
sa longue carrière. Même à la dernière heure,
il refusa de rétracter ses calomnies, et ce,
nonobstant la réconciliation ménagée par le
P. Gontery : mais cette réconciliation n'avait
pas été sincère du côté de notre ennemi.

« Maistre Estienne Pasquier après avoir
« dit, escrit et publié tous les maux qu'il
« avoit peu sçavoir ou controuver contre
« nostre Compagnie, s'estoit aucunement
« addoucy et remis en grace avec tout le Corps
« par l'entremise du feu P. Gontery, mais la
« réconciliation ne dura guères, car aussi-

« tost prenant ses advantages des louanges
« que le P. Gontery luy donna publique-
« ment, il escrivit des lettres postérieures à
« sa réconciliation pretendue, auxquelles il
« déchire nostre Compagnie comme devant,
« et tient son premier langage : comme
« de vray l'expérience nous apprend qu'un
« vieux perroquet ne peut oublier les parolles
« qu'il apprit en jeunesse... »

La nouvelle édition des œuvres de Maistre
Pasquier augmentée de mille malpropretés,
et publiée par Messieurs ses enfants, remua
vivement la bile de Garasse et dans sa juste
indignation, il écrivit cette *brochure* de 985 pages in-8° où toutes les inepties, les injures et les
calomnies de Pasquier sont, sans miséricorde,
relevées et réfutées avec un entrain où
le talent, l'esprit, le bon sens, comme aussi
le défaut de goût, marchent de compagnie.
Nous voudrions citer plusieurs de ces pages,
où Maistre Pasquier est flagellé comme il le
mérite; mais nous avons déjà beaucoup cité :
nous craindrions de lasser.

Le dernier ouvrage de Garasse fut la
Somme théologique, formidable in-folio de

mille pages environ. A cette époque, les Français, et même les Françaises, lisaient des in-
folio! La *Somme* passionna le public comme
les autres ouvrages de notre auteur : approu-
vée en Sorbonne, louée en latin par Dousset,
Sirmond et le P. Coton; chantée par Malherbe et Racan, elle révolta Saint-Cyran.
L'inventeur du jansénisme fit une charge à
fond contre la *Somme,* et Bayle, un autre bon
apôtre, applaudit de toutes ses forces à la censure de son compère en théologie réformée.

La *Somme* fut le signal de la guerre entre
les jésuites et les jansénistes : Bayle nous dit,
en homme nourri de la belle antiquité : *Garasse fut l'Hélène de cette guerre!* il pouvait
ajouter : il en fut la victime.

Garasse n'avait pu écrire sans blesser les
ennemis de la vérité, et comme ses ouvrages
avaient le tort de se faire lire par tout le monde
et aussi de mettre les rieurs de son côté, il
devint un objet de haine pour les gens à large
conscience. Les espions de Richelieu se mirent de la partie : s'il paraissait un pamphlet
capable de contrister ou de blesser les sommi-
tés de l'époque, les esprits malins et *frétil-*

lants, comme parle Garasse, ne manquaient
pas de le lui attribuer, et le Cardinal lui-
même fut pris à cette manœuvre. Ce Garasse,
disait-on, ne cesse de mettre sa lourde main
sur nos plaies et d'y verser du sel! empêchons-
le d'écrire. Et l'on en vint à bout. Voilà bien
cet amour pratique de la liberté! nos contemporains ne l'ont point inventé, et si nous les
avons vus applaudir aux *arrêts forcés*, d'une
plume si justement redoutée de tous les libres-
penseurs, c'est seulement une nouvelle édition
d'une vieille et triste comédie.

Garasse avait compris l'impossibilité de
répondre à cette multitude de gens ameutés
contre lui : le silence devenait une nécessité
sous peine de compromettre les travaux de
ses frères , et lui-même déclara son parti
pris de ne plus répondre à l'avenir.

« Mes ennemis ont conçu une inimitié si
« irréconciliable contre moi, qu'ils m'ont dé-
« claré par parolles, par geste, par escrits que
« je ne dois attendre de toute leur race, autre
« traitement que perpétuelles actions d'hosti-
« lité... car non contents des faux bruits qu'ils
« ont semé contre ma réputation, des parolles

« cuisantes qu'ils lancent à tous propos contre
« l'intégrité de ma vie, ils ont gagé des per-
« sonnes supposées pour me faire des gestes
« grotesques et chimériques à l'issue de mes
« prédications et suborné des espions pour re-
« passer et gloser mes parolles en chaire de
« vérité... Mais... qu'ils parlent, qu'ils écri-
« vent, qu'ils crient, qu'ils invectivent contre
« moy, qu'ils evantent leur cholere, qu'ils
« donnent carrière à leurs pensées, qu'ils
« remplissent le monde de libelles, qu'ils pro-
« fanent mon nom, qu'ils me fassent trompe-
« ter sur les ponts de Paris, par les merciers,
« qu'ils subornent les crieurs d'almanachs,
« qu'ils empruntent la voix des vendeurs d'a-
« lumettes, ils n'auront jamais autre réponse
« de moi... Dieu sait mes intentions... Les
« hommes sages ne se laisseront aysement
« envelopper dans le debordement general de
« la passion, la recompense que j'attends de
« Jésus-Christ se trouvera en son temps avec
« usure, pour le reste je n'ai que faire de
« m'en pener inutilement. » *(Apologie, dernière page.)*

Si Garasse avait été un simple particulier,
il pouvait avec l'arme dont il savait le ma-

niement, continuer la lutte; mais il était le *Père* Garasse, et ce titre lui faisait perdre tout droit à l'indulgence et même à la justice. Aussi, notre courageux soldat, après avoir pendant dix ans occupé les meilleures chaires de Paris et fait la fortune des libraires, se vit contraint de déposer les armes, sans achever son temps de service, et même de quitter Paris.

Nicole parlant de ce départ, l'explique ainsi : « Les Jésuites ne s'opiniâtrèrent point « à soutenir leur Père Garasse, mais ils le re- « léguèrent loin de Paris, en une de leurs « maisons où l'on n'entendit plus parler de « lui. » M. Nisard ajoute : « J'imagine que « dans la retraite où l'avaient condamné ses « emportements et sa fougue, Garasse lan- « guit et se consuma. Il était dans la force « de l'âge ; le zèle le dévorait ; il pouvait « encore s'illustrer dans vingt batailles et on « lui donnait les Invalides ! C'était l'envoyer « à la mort, aussi bien ne vécut-il pas long- « temps après cet événement. »

Voilà bien juger un religieux ! Garasse éloigné de Paris, relégué à Poitiers devait languir et se consumer ? M. Nisard a-t-il vu beaucoup de Jésuites mourir du spleen, et croit-il qu'on ne peut vivre à Poitiers? S'il avait cette inquiétude, nous le prierions de venir en Poitou, se tranquilliser à la vue des preuves vivantes de son erreur.

Non, Garasse ne fut pas tué par l'éloignement et le silence : il tourna son ardeur vers d'autres combats plus glorieux encore, et la récompense si fermement attendue par lui ne tarda pas à venir : elle fut digne d'un tel soldat ; sa dernière bataille fut son plus beau triomphe : il mourut en soignant les pestiférés.

Nous lisons dans la vie du Père Charles de Lorraine : « Il recueillit (à Bordeaux) avec les « démonstrations d'une tendre charité le Père « Garasse que la tempête venait de jeter entre « ses bras... La peste commençait à se faire « sentir à Bordeaux... Le Père Garasse fut « des plus empressés à briguer l'honneur « d'être martyr de la charité : honneur qu'il « reçut à Poitiers deux ans après. »

Garasse ne demeura pas longtemps à Bordeaux et revint à Poitiers où il avait autrefois enseigné la rhétorique. Là, pendant la dernière année de sa vie, comme s'il avait compté sur un petit nombre de jours, il en employa les moindres instants à se disposer, par les œuvres les plus méritoires, à son prochain passage du temps à l'éternité. Aussi, quand la peste vint remplir les hôpitaux de Poitiers, Garasse était prêt ; il fait une sorte de violence à ses supérieurs pour obtenir la permission d'aller se dévouer au salut des pestiférés. Entré dans l'hôpital il n'en sortit plus, et quand la contagion vint briser ses forces, il resta sur le champ de bataille, au milieu des pauvres et des mourants, les consolant par ses paroles et son exemple jusqu'au dernier soupir.

Quand on meurt ainsi, on n'a pas besoin d'éloge et d'épitaphe ; et si simple que soit la tombe d'un martyr de la charité, un honnête homme la salue ; un chrétien s'agenouille pour prier et demander la protection du serviteur de Dieu.

On a voulu bien dire en écrivant ceci : *Enfin ce pauvre Père Garasse, tant bafoué, eut une belle mort, une mort à la Rotrou.*

M. Sainte-Beuve, l'historien panégyriste de Port-Royal, pourrait-il nous dire combien il a compté, parmi les pieux solitaires, disciples de Jansénius, de *morts à la Rotrou*, ou mieux encore de *morts à la Garasse* ?

M. Sainte-Beuve n'est pas le seul à faire si lestement l'oraison funèbre du P. Garasse. Un de ses frères, un historien, un des meilleurs écrivains de la Compagnie, rebuté par le style de Garasse, le traite encore de plus haut ; et, sans façon, le félicite d'avoir expié dès ce monde son mauvais style et ses quolibets : *Dieu ne voulant pas qu'il differast à faire pénitence en l'autre vie.*

Le P. d'Orléans écrivait ces duretés en l'an de grâce 1687. On était alors dans la splendeur du beau style, de la politesse du langage; et si, dans la république des lettres, on en venait à s'injurier, c'était avec la plus parfaite urbanité. A cette époque les Jésuites jouissaient d'une sorte de trève et trouvaient un peu de loisir pour cultiver la langue maternelle et s'y perfectionner à l'exemple du P. d'Orléans. La réaction contre le français ou le gaulois, parlé sous le règne de Henri IV, était générale ; aussi la langue de Garasse était vouée à toutes les malédictions des grammairiens et des professeurs de rhétorique.

Pauvre Garasse, élevé pendant les agitations de la Ligue, forcé d'écrire à la hâte et de lutter sans cesse contre des ennemis acharnés à la destruction de la Compagnie en France, il n'a pas su devancer son époque ! Pourquoi n'est-il pas venu un siècle plus tard ? en ces temps heureux où l'on voyait des littérateurs, comme Bernardin de Saint-Pierre, *écrivant tous ses ouvrages*, son biographe nous l'affirme, *sur les genoux de la nature !* Mais non, Garasse était de son temps, et ce n'est pas pardonnable !

Si le P. d'Orléans s'était contenté de blâmer le style et le mauvais goût de Garasse, ce serait affaire de littérature et nous passerions outre sans rien dire ; mais condamner un homme à faire pénitence pour avoir mal écrit, c'est abuser de son droit : le Purgatoire n'est pas fait pour les fautes de grammaire.

Nous demanderons au P. d'Orléans s'il condamne et le fond et la forme des écrits de Garasse ? S'il en veut à la forme, c'est déjà dit, nous pourrions nous entendre : si la critique porte sur le fond, nous sommes exposé à partager la condamnation de Garasse. Seulement nous dirons au P. d'Orléans : Si Garasse vous semble coupable, comment excusez-vous ses supérieurs et les Jésuites ses contemporains? Or ces contemporains, disons mieux, ces complices s'appelaient : Ignace Armand, Gontery, Séguiran, Petau, Sirmond, Suffren, Coton, etc.; ce dernier était non-seulement le supérieur mais l'ami de Garasse, et son défenseur le plus dévoué. Si Garasse est coupable, ces hommes vénérables ne peuvent être innocents, car tout se passait au grand jour et sous leurs yeux ; or, loin de fermer la bouche et d'arrêter la plume de leur confrère, ils ne cessèrent de l'encourager, et bien souvent ils eurent recours à la vivacité de cette plume pour la défense commune.

Si le P. d'Orléans ne s'était pas laissé entraîner par son goût trop vif pour la littérature élégante, il aurait distingué dans Garasse l'excellent religieux, de l'écrivain défectueux; et au lieu de céder aux préventions de l'époque, il aurait rendu pleine justice à son frère. Pour cela faire, il lui suffisait de relire les sages ré-

c.

flexions sorties de sa propre plume et consi-
gnées précisément à la même page où il condamne Garasse. Cette page raconte comment
le P. Coton combattit courageusement les préventions de Louis XIII, et chose plus dangereuse, celles de Richelieu, soupçonnant Garasse
d'être l'auteur anonyme des *quæstiones politicæ*, où les deux collègues en royauté étaient
si cruellement persiflés. Voici cette page :

« Le livre des *questions politiques* n'eut pas
« plûtost paru dans Paris, qu'on voulut qu'il
« (Garasse) en fust l'auteur, et qu'on prit soin
« de le persuader non seulement au Ministre,
« mais au Roy mesme. Le chagrin qu'ils en
« tesmoignèrent tous deux allarma fort le
« P. Coton; mais rien ne fut capable de lui
« oster le courage de défendre son frère injus-
« tement accusé. Car il n'était point de ces su-
« périeurs qui, pour s'épargner la peine de
« soutenir les innocens opprimez, trouvent
« que le plus court est d'estre toujours les
« premiers à les blâmer, et auprès desquels
« on n'est jamais sans crime, quand on a du
« malheur et des ennemis. Au contraire il fut
« toujours persuadé que, dans les commu-

« nautez régulières..., il faut bien prendre
« garde à ne pas rendre la vertu timide en luy
« faisant craindre d'estre abandonnée, etc... »

Si nous comprenons bien la morale de ce
passage, nous la résumerons en disant : Garasse devait être soutenu par ses confrères,
comme bon religieux et comme écrivain très-
injustement persécuté. Or, si Garasse fut
injustement persécuté, pourquoi venir, après
un demi-siècle, le féliciter d'avoir expié *dès
ce monde* les torts de l'écrivain? En résumé
nous dirons : De son vivant, Garasse était fort
estimé de ses collègues, comme religieux,
comme écrivain, comme polémiste et défenseur avoué de ses frères, mais cinquante ans
après sa mort, il passe à l'état de pitoyable
écrivain. Réduite à ces termes, nous compren-
drions la censure du P. d'Orléans, sans toutefois consentir à la signer. Si nous avons relevé
sa phrase mal sonnante, c'est par honneur
pour son talent et l'autorité de son jugement.
Puis il nous déplaisait d'entendre ce coup de
sifflet, venu si tardivement, protester contre les
applaudissements de nos anciens. Veut-on savoir comment ces anciens, si vénérés, par-

laient de ce féroce Garasse ou de ce *suppôt de Mardi-Gras*, comme le qualifie M. Nisard? Nous prenons leur jugement dans les textes les plus avoués de la Compagnie : *animi submissione, modestia, affabilitate, mansuetudine, cæterisque virtutibus supra modum amabilis.* Ainsi la Compagnie loue sa bonté de cœur, son affabilité... *Quamvis impiorum fuerit etiam acerrimus insectator et voce viva et scriptis frequenter libris.* Alegambe ne craint pas de parler de la mort de Garasse, comme d'une calamité publique : *Vir quem diutius vivere gentis humanæ interfuisset.* Sans doute le P. d'Orléans n'aura lu ni le P. Sotwel, ni Alegambe, ni le Ménologe, où nous prenons ces citations; mais il avait sous les yeux un document, où le cœur de ce Garasse, *supra modum amabilis,* se montre à nu : c'est son récit de la mort du P. Coton. En lisant ce récit naïf et si plein de cœur, on ne peut s'empêcher de partager l'émotion de Garasse, c'est un fils versant des larmes sur la tombe de son père. Le P. d'Orléans a pris dans ce récit ses meilleures pages de la vie du P. Coton, et, sous le vernis de ses belles

phrases, on sent encore la verve et l'é-
motion de Garasse dont il modifie le style.

Nous aurions voulu donner une biographie
complète du P. Garasse; mais la faire entrer
dans cette introduction déjà trop longue,
était chose impossible, nous la publierons
séparément. Il nous reste à parler de son manuscrit, dont la place était marquée dans nos
Documents : celui-ci n'est point inédit; mais
sa publication, par M. Nisard, a provoqué
la nôtre : nous tenons à montrer cette pièce
importante, dégagée de cette multitude de
notes hostiles à la Compagnie et propres à
défigurer, une fois de plus, le portrait de Garasse. Pour l'honneur de l'un et de l'autre,
nous publions ce récit naïf d'un témoin ocu-
laire; il mérite l'intérêt des enfants de la
Compagnie.

Cet opuscule du P. Garasse est le meilleur et le dernier travail littéraire de sa vie,
si courte et si bien remplie. Notre polémiste,
ce *scriptor indefessus*, comme l'appelle un
de ses biographes, fut longtemps professeur
et toujours prédicateur, et cependant il a
laissé, outre ses nombreux ouvrages impri-

més, vingt-quatre volumes encore inédits.

En lisant le *Récit* du P. Garasse, on comprendra facilement pourquoi ce travail est resté si longtemps manuscrit : il s'adressait à la légitime curiosité de la Compagnie et non pas à celle du public. Grâce à cette circonstance de demi-publicité, son style est préférable à celui de ses autres ouvrages : il est simple, et les défauts de l'époque s'y rencontrent plus rarement. On pourra le remarquer, ces défauts de l'époque reparaissent d'une manière sensible dans deux pièces, parties intégrantes du *Récit*, mais destinées à la publicité.

Selon toute probabilité Garasse écrivit son *Récit*, la dernière année de sa vie, pendant son exil à Poitiers : ceci n'est pas de notre part une simple conjecture, plusieurs phrases de l'auteur le font entendre assez clairement.

Les copies manuscrites du *Récit* se conservaient dans les maisons de la Compagnie; mais survint le célèbre pillage de 1762, et par suite, la dispersion de ces copies. Nous n'avons pu collationner la nôtre sur le manuscrit de Garasse, probablement détruit,

après avoir servi à la transcription des copistes, peu soucieux de nous conserver une
pièce fort médiocre, comme calligraphie.

Nous n'avons pas cru devoir relever toutes les erreurs et les insinuations malveillantes
dont les notes de M. Nisard sont émaillées :
c'est un ornement toujours admis, quand il
s'agit des Jésuites. La méthode des *insinua-*
tions, habile métamorphose de la calomnie,
est devenue fort à la mode : elle n'offre pas
à la réfutation un corps facile à saisir, comme
les gros mensonges d'autrefois, si carrément
posés. On disait à nos anciens : Vous assas-
sinez les rois et corrompez la morale ! Le
rire ayant fait justice de ces énormités, et
l'histoire, dite impartiale, étant devenue à la
mode, on a parlé poliment des Jésuites. On
examine leur histoire avec le sérieux d'un
juge, résumant les débats d'un procès criminel ; mais au lieu de prononcer le jugement,
d'acquitter ou de condamner, on se demande,
la main sur la conscience : La complicité des
Jésuites, dans une multitude de méfaits et d'at-
tentats, est-elle bien établie ? N'a-t-on pas
exagéré le relâchement et la corruption de

leur morale ? Ces phrases et beaucoup de semblables se terminent par un point d'interrogation ; mais l'effet voulu se produit infailliblement sur le commun des lecteurs , et, si l'on pense à critiquer l'auteur, c'est de n'avoir pas osé démasquer et flétrir les Jésuites comme ils le méritaient. Ainsi, on vous déshonore avec un point d'interrogation, et l'on passe pour un historien impartial : c'est double profit.

Forcé de mettre quelques notes indispensables, nous avons ri en parlant de certains hommes placés sur des piédestaux immérités. Avec les vivants, nous croyons avoir gardé toutes les formes de la politesse ; quant aux morts, la vérité sans phrases leur suffit. L'espace nous a manqué pour tout dire ; mais en cas de besoin, nous trouverons du papier, pour compléter notre tâche. Aujourd'hui nous finirons en disant, avec un ancien fort estimé dans Rome, où souvent il formulait des choses excellentes : *Et refellere sine pertinacia, et refelli sine iracundia parati sumus.* (*Cicero*, 2. *Tusc.*, nº 5.)

RÉCIT AU VRAI

DES PERSÉCUTIONS SOULEVÉES

CONTRE LES PÈRES

DE LA

COMPAGNIE DE JÉSUS

DANS LA VILLE DE PARIS

L'AN 1624, 1625 ET 1626

FAIT PAR LE R. PÈRE FRANÇOIS GARASSE

QUI EN SOUFFRIT UNE BONNE PARTIE.

—————————

Pour sçavoir le cours et la source des persécutions, que nostre Compagnie a souffertes depuis deux ans, il faut remarquer que l'esprit malin nous avoit menacés depuis l'an 1621, par la bouche de deux possédées, l'une à Nancy, et l'autre à Chaumont en Bassigni, que l'an 1625 et 1626 il nous donneroit d'estranges affaires en France, et remueroit contre nous de puissants ressorts, pour nous en faire chasser. De plusieurs endroits nous avons receu des avis conformes aux menaces de Satan, nommement d'une religieuse très-dévote, et d'un frère lai des RR. PP. Capucins, personnage fort eclairé de Dieu, qui nous dit que l'an 1626 nous devions recevoir une étrange humiliation en tout le

C.   1

Corps de nostre Compagnie en France, laquelle
devoit durer un an tout entier, après lequel nous
serions plus élevés que devant. Depuis ce tems
l'auteur de nos persécutions n'a cessé de nous pro-
curer d'étranges tempestes, que je mettrai par
ordre, suivant le tems auquel elles sont arrivées.

§ I.

La premiere fut en la personne du R. P. Arnoux,
qui, avec congé exprès du Roy, étant arrivé dans
Paris la veille de la Pentecoste, après le carême
qu'il avoit presché à Orléans quelques-uns de ceux
qui gouvernoient alors n'ayant rien sceu de ce
voyage, et qui estoient des plus puissans ennemis
de nostre Compagnie, firent tous leurs efforts póur
le renvoyer d'où il estoit venu, incontinent aprés
les fêtes. Et si ce n'eut esté les prières de Madame
la comtesse de Saint-Pol, on croit qu'ils en fussent
venus à bout. Il demeura donc à Paris, et prescha
les Octaves à Saint-Gervais, avec grand concours de
tous les Ordres, mais non sans estre épié en toutes
ses paroles. Nos ennemis gagnerent une partie de
ce qu'ils demandoient; car ils divertirent le Roy de
ses sermons, et quelque assurance qu'il eut de
pouvoir saluer Sa Majesté, et quelque diligence que
sceut faire le R. P. Seguiran, qui le servit en cela

trés fidellement, on ne put en venir à bout. On
disoit publiquement que quelques uns de ceux qui
gouvernoient, et qui ne devoient leur avancement
qu'à nostre Compagnie, craignoient l'abord de son
Esprit. Il demeura donc à Paris, en qualité de personne privée jusques à la Saint-Michel, auquel
tems estant parti pour son voyage de Rome, le
diable nous suscita de grandes calomnies. Car il ne
fut pas si tost parti, qu'on vit des libelles contre
lui, comme ayant été appellé par le Pape, ou par
notre A. R. P. (Très-Révérend Père) : pour sçavoir
de lui tous les secrets d'Etat, jusques aux confessions du Roy. D'autres disoient qu'estant mal content de nostre Compagnie, il alloit à Rome pour
demander dispenses de ses vœux, et la calomnie
alla si avant, que plusieurs Evêques vinrent à la
Maison professe pour en estre instruits. Il se trouva
que l'auteur de ces faussetés estoit un Evêque de
dangereux esprit, lequel peu auparavant avoit esté
gueri par les merites de S. Ignace [1].

---

[1] Le P. Arnoux, comme les dix autres Jésuites, confesseurs de
Louis XIII, sentit le poids d'une telle charge. Si la conscience de
Louis était celle d'un honnête homme, celle du roi avait besoin
d'entendre souvent le : *non licet*; mais comme ce *non licet* venait
troubler les plaisirs des favoris et combattre les projets des puissants, les favoris et les puissants prenaient en haine ces confesseurs
que la faiblesse du roi ne savait pas défendre. Aussi le P. Arnoux
eut la gloire de mériter son eloignement de la cour, — ouvrant

Cette calomnie commençoit à s'étouffer d'elle-
même, quand Satan nous suscita une méchante
affaire d'abord, mais qui s'en alla en fumée après.
Le R. P. Arnoulx avoit confiance en un jeune
homme nommé *Oudin*, qu'il avoit éprouvé très-
fidelle quelques années. Mais ce garçon ne se ser-

---

ainsi la route suivie plus tard par le P. Caussin, exilé à Quimper,
regardé, à cette époque, comme le bout du monde.

M. Nisard voulant mettre une note sur le P. Arnoux, s'est donné
le plaisir de nous raconter comment, en ses vieux jours, le confesseur de Louis XIII se croyoit métamorphosé en coq et voulait imi-
ter en tout les usages et les manières de cet animal, conservant
toutefois assez de raison pour aller chaque matin à l'heure marquée
réveiller ses confrères par son *coricoco !*

M. Nisard, ayant dit des paroles pénibles aux cultivateurs de *l'é-
rudition facile*, ne pouvait-il faire de la morale en action, laissant
cette pauvreté aux collecteurs d'anecdotes dites *historiques ?* Celle-
ci a très-peu contribué à l'illustration de son auteur primitif, appelé
Faydit, écrivain auvergnat.

Grégoire, l'Évêque assermenté de Blois et l'un des colporteurs
de l'anecdote ci-dessus, a de bonnes paroles pour le P. Arnoux,
devenu coq, lui disant avec Sénèque : génie et folie, c'est *contigu : nullum magnum ingenium sine mixtura dementiæ.* Je ne
sais tout ce qu'il y avait de *contigu* dans la tête de Grégoire le
Constitutionnel, mais à coup sûr, si Sénèque avait eu l'ennui de lire
son *Histoire des confesseurs des empereurs et des rois...* il aurait
écrit sur ce livre, en manière d'épigraphe, la fin de son apho-
risme : *non sine mixtura dementiæ.*

N'en déplaise à l'auteur auvergnat déjà nommé, et à ses copistes,
le P. Arnoux mourut à Toulouse, dans la plénitude de sa raison
et dans l'exercice de sa charge de Provincial.

voit de sa fidelité, que pour faire un méchant coup, comme il montra par l'événement. Le Pere estant à Orléans lui écrivoit quasi tous les jours, lui recommandant diverses affaires, pour la gloire de Dieu et le bien de la Compagnie (car les lettres ont fait foi de l'un et de l'autre). Mais comme c'estoit chose importante et qui meritoit le secret, ils avoient convenus touchant certains termes ordinaires dont ledit Oudin avoit la liste dans son coffre. Le Pere lui recommandoit souvent de bruler ses lettres pour plus grande précaution, à quoi ce dangereux esprit répondoit souvent qu'il avoit bruslé ses lettres selon son commandement. Et même le Pere estant arrivé à Paris, et s'estant enquis s'il avoit des papiers à lui, il répondit assùrement qu'il avoit jetté dans le feu tout l'écrit qu'il avoit de sa main. Ce garçon tomba malade dans la mi-octobre, et aussi tost se sentant touché à mort d'une dissenterie, il envoya vers madame la comtesse de Saint-Pol dire qu'il avoit des papiers du P. Arnoux, qu'il ne rendroit que pour 2000 liv. au dernier mot, pour payer ses dettes. Madame la Comtesse qui connoissoit ce jeune homme pour l'avoir veu souvent avec le Pere, et avoir reçeu plusieurs lettres de sa main, s'imagina, comme elle nous a dit depuis, que ce seroit quelques sermons et papiers inutiles, que ce garçon avoit retenu

dudit Pere, et n'en fit grand état sur l'heure.
Son mal croissoit à vue d'œil, et ne recevant
aucune satisfaction de madame la Comtesse, il
envoya vers le P. Mornac, procureur du collège de
Clermont, lui faisant le même parti. Le Pere fut
effrayé d'abord oyant parler de 2000 livres,
pour rachetter les papiers du P. Arnoux et ne fit
aucune réponse, sinon que si le P. Arnoux avoit des
papiers d'importance, il les auroit confiés entre les
mains de nos Peres. En effet, il depescha chez nous
pour en scavoir la vérité, et fut trouvé qu'il y avoit
entre les mains du P. Français Tacon un coffre
plein de papiers et hardes dudit Pere, pour l'adresser à Lyon, ce qui confirma l'opinion du P.
Mornac, de sorte que ce garçon se trouvant rebuté,
livra son coffre malheureusement à un ennemi juré
de nostre Compagnie, qui prit la poste pour en
donner avis au roy, qui estoit à Compiegne. Le
coffre par commandement du roy fut scellé et mis
entre les mains de M. le Chancelier. Le roy nomma
pour la visitte de ces lettres M. du Chastelet, maistre
des Requestes, qui fut une grande providence pour
nostre Compagnie. Et il se verra dans la suitte de
ce discours que nous lui sommes tout-à-fait obligés.
Le coffre ne fut par si tost mis entre les mains de la
justice, que nos ennemis en faisoient un triomphe
public, et ne nous menaçoient de rien moins que

d'un bannissement general. Chacun portoit ses fantaisies pour commentaire, et l'on disoit, par Paris,
qu'il y avoit dix mille lettres pour tous les Grands
du royaume, y meslant nommement, et interessant
tous ceux qui, pour quelque mécontentement,
estoient alors esloignés de la Cour. Le bruit nous
en vint par le moyen de M. le Procureur-General,
lequel envoya quérir un de nos Peres et lui dit ce
qu'il venoit d'apprendre ; que le coffre et les hardes
du Père Arnoux avoient esté volées sur son voyage
de Rome, et qu'il y avoit de grands secrets. La
verité se decouvrit aussi tost. Il est donc vrai que
ce malheureux garçon avoit gardé tous les billets
et les lettres qu'il avoit receues du Père Arnoux,
et les avoit marquées au dos avec la date et l'ordre,
et les ayant attachées par liasses jusques au
moindre bulletin, il s'en trouva jusques à cinq cent
ou environ. D'abord nos Peres furent saisis d'un
grand étonnement, et l'on peut dire que le Père
Seguiran fit ce qu'il put pour les retirer des mains
de M. le Chancelier. Mais il n'y eut jamais moyen,
quelques obligations qu'il ait à nostre Compagnie,
et lui, pouvant avec une seule parole étouffer cette
affaire. Ce qu'il ne fit pas fut fait par M. du Chastelet, lequel apres avoir étudié tous ces billets,
déposa en plein conseil n'y avoir trouvé chose
aucune digne de blasme, ou qui pùt estre soup-

çonnée contre l'Etat. Ce que nos ennemis ont fait courir, que pour signifier le Roy, il n'y avoit qu'un 0 (un zéro) en chiffre sont de pures calomnies; tout ce que les hommes du conseil trouverent à redire estoit une trop grande confiance d'un tel homme à un garçon de néant. Les lettres furent mises entre les mains de M. le Chancelier, qui ne les a jamais voulu rendre. Cette persecution qui fut plus grande sur les lieux, en l'apprehension de nos Peres, que dans les provinces éloignées, s'anéantit grace a Dieu d'elle mesme. Mais si jamais on a eprouvé que la corruption de l'un est la generation de l'autre, nous en fimes l'épreuve durant deux ou trois ans.

§ II.

Celle-ci étant donc assoupie, Satan nous en suscita une autre du costé d'Angleterre. On parloit alors du mariage qui depuis fut accompli. Le Roy d'Angleterre deputa en ce tems là le Milord de Carlile et le Milord de Hé, qui depuis a été le duc de Bouquinquan (Buckingham). Ces deux hommes, puissans ennemis de nostre Compagnie avoient avec eux un homme, qui ne se nomme pas, pour de bonnes raisons, lequel nous avons vû dans Bourdeaux courtiser nos Pères et recevoir de nous de

très bons offices. Celui-ci que la fortune avoit
changé, nous rendoit de très mauvais services dans
toutes les compagnies des grands, où il s'ingeroit
tout exprès pour nous nuire. Car il disoit publiquement que le Roy de la Grande Bretagne lui avoit
expressement recommandé d'empescher que nos
Peres n'accompagnassent la Reine d'Angleterre; autant en disoient les Milords; voire bien plus ils pro-
duisoient des Articles de mariage arrestés par les
Etats, dans lesquels cette Clause estoit expressement couchée : *plustot empescher le mariage et
n'y consentir jamais, quelques efforts que l'on leur
pût faire si les jésuites alloient en Angleterre.* Cependant nos Peres, de trois que l'on avoit proposé
au Conseil, et nommé au R. P. General, le R. P.
Jaquinot ayant été choisi fut mandé en diligence,
et dechargé de sa Province, laquelle il commençoit
seulement a gouverner. Les Mylords cependant et
ce personnage anonyme ne perdirent pas leur tems,
et firent si bien qu'ils gagnerent quelques Evêques
et ébranlerent l'esprit de la Reine mere et de ceux
qui gouvernoient son conseil. Car la Reine mere
qui avoit dit un peu devant que jamais on ne con-
sentiroit aux Articles du mariage qu'à cette condition, commença de parler avec quelque ambi-
guité, et ceux qui s'estoient montrés les plus échauf-
fés en cette affaire, venoient nous dire que pour une

caprice Angloise , il ne falloit pas empescher un si
grand bien pour toute la Chrestienté, qu'il falloit
ceder au tems et servir des esprits malades , et que
nous mesmes nous serions les premiers à nous dé-
porter de cette pretention, qui nous seroit plus one-
reuse qu'honorable. Il y avoit trois ou quatre Evêques qui ne se nomment pas, et qui se connoissent
assés par l'affection qu'ils portent aux PP. de l'Oratoire , qui disoient publiquement que ce n'estoit
pas une affaire de jésuite , et qu'il n'y avoit au
monde personne digne de cette commission que
M. de Berulle et ceux de sa Congregation, esprits
debonnaires et non remuants, peu entreprenants
et d'ailleurs qui n'estoient pas suspects de fougade
en Angleterre[1]. Quelques autres qui pensoient faire

---

[1] M. de Bérulle était-il aussi débonnaire que le pensait le P.
Garasse? Ses *caresses* , pour parler le langage du temps, ses
caresses et ses flatteries épistolaires à l'endroit de la Compagnie
étaient-elles bien sincères ? Il est permis d'en douter. Les Jésuites
si fins , comme on sait, les Jésuites ses contemporains croyaient à
la bonhomie du fondateur de l'Oratoire. Aujourd'hui encore on
aurait peine à le regarder comme un *faux bonhomme* si sa plume
ne l'avait trahi. — Durant sa vie, ses pensées et ses projets étaient
pour ses amis le plus discrets : les amis lui ont gardé le secret ;
mais le papier se laisse écrire, il ne reste pas toujours muet et tôt
ou tard il finit par livrer les secrets dont on lui avait confié la
garde.

Le vrai portrait de Bérulle a été fait, non par un Jésuite, mais par
un peintre qui se connaissait en hommes et en fausses amitiés.

les bons valets, et qui croyoient avoir trouvé une voye d'accord, parloient d'y envoyer le R. P. Cotton ; que celui là sans doute pouroit estre agréable au Roy d'Angleterre, et mesme disoient-ils, que scavons nous si Dieu ne se voudroit pas servir de lui pour la conversion de ce Royaume ? Ces paroles ne tomberent pas à terre, et on en parla au Conseil et on en fit l'ouverture à nos PP. Mais on s'apperceut aussi tost de la fourbe. Car leur intention estoit d'éloigner le R. P. Cotton de Paris et de la France dont il estoit déjà nommé Provincial. Le R. P. General ayant appris cette nouvelle matte (ruse), écrivit à nos Pères qu'on en empeschat l'exécution tant qu'on pouroit, et de fait sur ces entrefaites le R. P. Jaquinot arriva dans Paris ; il fut assés bien accueilli

---

Ce peintre, c'est le cardinal de Richelieu, et le portrait en pied tracé par cette main de fer est peu séduisant : ce n'est plus ce bénin visage dont l'original était reçu sans défiance dans les camps les plus opposés de ses contemporains. Les Jésuites lui avaient ouvert toutes leurs maisons : par ordre du Général et des Provinciaux il y était reçu comme un membre de la famille.—Voici comment il aimait ses hôtes : laissons parler Richelieu, et parler pièces en main.

« Il avait une aversion si grande contre les Jésuites qu'il esti-
« moit que faire contre eux était suivre particulièrement les volon-
« tés de Dieu plus intimes, secrètes et cachées au commun des
« hommes. Ses pensées mêmes sur ce sujet allaient jusques à ce
« point, qu'il croyoit que cette Société n'étoit non-seulement pas
« utile, mais qu'elle n'étoit pas supportable, et qu'enfin peut-être,

de la Reine mere et trés cordialement de Madame,
future Reine d'Angleterre. On lui commanda d'a-
bord d'aller au Louvre une fois la semaine pour voir

« Dieu permettroit-il qu'on y mît ordre, comme on avoit autrefois
« fait en cet Etat.» (*Mém. du card. de Richelieu, édit. Petitot,
t.* 5, *p.* 75.)

Parmi les papiers de Richelieu on a retrouvé une interminable
lettre où l'Oratorien laisse couler des flots de bile dans un style miel-
leux et dolent et rappelant celui de la complainte de *la victime
innocente, malheureuse et persécutée.* Cette complainte où le fiel
cherche à se cacher sous des formes doucereuses; ces dénonciations
où l'amertume essaie le ton de la charité ; ce soin de confier tout
cela au Cardinal-roi, peu ami des Jésuites, feraient juger sévère-
ment le débonnaire Bérulle, si Richelieu lui-même ne venait le justifier; voici ses paroles :

« Cette bonne âme ne se portoit pas à ces extrémités par ani-
« mosité aucune ; il n'en avoit contre personne, mais bien se rendoit
« il si ferme en ses pensées, parce qu'il croyoit qu'elles étoient con-
« formes à la volonté de Dieu.

« Son erreur n'étoit pas vice de volonté, mais d'entendement, qui
« croyoit volontiers voir dans les secrets de la Providence divine ce
« qu'il ne voyoit pas.

« Il étoit si attaché à ce genre de connoissance que quand même
« il fût à la mort, on ne pouvoit le persuader qu'il fût réduit à cette
« extrémité, parce qu'il croyoit avoir eu connoissance, par voie
« surnaturelle, que Dieu l'avoit destiné pour faire de grandes cho-
« ses en ce monde, ce qu'il avoit témoigné plusieurs fois à plusieurs
« de ses amis. » (*Op. cit.,* p. 76.)

L'absolution motivée de Richelieu revient à dire que la tête de
Bérulle n'était pas très-forte, et c'est sa meilleure justification. Cette
faiblesse de jugement allait si loin qu'elle seule peut expliquer certains passages de ses lettres. Nous parlons de ses lettres autographes

Madame. Mais il connut bientost que ses voyages estaient inutils, et on disoit publiquement que le mariage ne s'accorderoit jamais : ou que les Jesui-

---

et jusqu'à ce jour conservées en mains sûres. Donnons un spécimen de la simplicité du *bonhomme*.

Bérulle venait de se rendre en Espagne pour obtenir, au profit de la France, quelques Carmélites de la réforme de sainte Térèse. Le but était excellent, mais le succès difficile : pour l'obtenir, Bérulle mit tout en œuvre, même l'amitié des Jésuites, dont il se trouva bien.

La négociation fut longue et laborieuse ; dans une lettre datée de Valladolid, 20 mai 1604, Bérulle raconte avec une naïveté étourdissante comment il se joue du général des Carmes, et comment il s'y prend pour l'amener à ses fins, par un Bref sans valeur et dont il parvient à lui dérober la vue. Ce Bref, ajoute Bérulle, *je l'avais retiré de chez le Nonce, sous prétexte de le bailler à son abbréviateur : mais en réalité, de peur qu'il (le Général) ne glosât dessus. Ce bon Père n'en put avoir la vue, bien que je l'eusse dans ma pochette..... car n'estait expédient qu'il vist la faiblesse de notre Bref qui ne parle que du Portugal.... Ce coup est rude pour un général d'ordre, dans l'Espagne, sur un différend tel que le nôtre... sans Bref valable ; et eux en ayant un autre bref es-mains.* — Ce Bref invalidait celui que Bérulle tenait caché dans *sa pochette.*

Le 7 août 1604 Bérulle écrivait encore de Valladolid à Mme Acarie : *J'eusse bien désiré que Mlle de Longueville eust escrit à M. l'Ambassadeur le priant de continuer sa faveur jusqu'au bout avec passion, etc...J'en eusse aussi bien désiré une à M. le Nonce, car je n'ai pu lui en contrefaire une, à cause qu'il en a eu auparavant de la main même de Mlle de Longueville.*

Cette lettre, où Bérulle regrette de n'avoir pas pu faire un faux en contrefaisant l'écriture de Mlle de Longueville, comment la qualifier et comment la justifier, si ce n'est à l'aide des circonstances atténuantes alléguées par Richelieu. *Cette bonne âme se portait à ces extrémités....parce qu'il croyait qu'elles étaient conformes à la*

tes n'y auroient ni part ni quart, ainsi le Pere ayant demeuré inutil a Paris en diverses attentes, fut contraint de se retirer en sa Province de Tolose, et en

---

volonté de Dieu, son erreur n'était pas vice de volonté, mais faiblesse d'entendement.

Si l'on ne voulait pas de la justification tentée par Richelieu, quelle opinion se faire de Bérulle jugé sur sa correspondance autographe? offrant des textes, comme jamais Pascal n'a pu en avoir, sans les fabriquer à plaisir, pour sa comédie *des Provinciales.*

Un des panégyristes du grand Oratorien a fait un volume portant pour titre : *Le Cardinal de Bérulle devant la Champagne son pays.* En tête de cet ouvrage, rempli de bonnes intentions, l'auteur a reproduit un portrait digne d'être étudié : cette gravure nous montre la tête de Bérulle parfaitement conforme au type moral décrit par Richelieu. En considérant cette tête, cette figure, on croit se rappeler l'avoir rencontrée dans quelque maison de santé. C'est un de ces visages que les faiseurs de caricatures ne manquent jamais de prêter aux dévots.

Notre but n'est point de justifier Bérulle outre mesure, en le donnant pour une sorte de niais : nous nous bornons à donner le défaut manifeste de rectitude de son jugement, comme atténuation de ses faits et gestes.

Si l'on nous demandait pourquoi, après deux siècles de panégyriques, nous venons toucher à l'auréole dont la tête de Bérulle était complaisamment ornée? la réponse serait facile.

Nous n'avons aucun attrait pour la célébrité du docteur Launoy et autres *dénicheurs* de Saints ; mais en fait de Saints nous tenons pour tels ceux de l'Église catholique et pas d'autres. Or Bérulle est, comme Palafox, un Saint canonisé d'avance par les ennemis de l'Église, et cela nous a mis en défiance. Si nous venons un peu tard examiner les titres de Bérulle et sa réputation surfaite, il est toujours temps de faire justice des réputations de parti pris.

sa place furent choisis trois Peres de l'Oratoire. M. de Berulle fit aussi le voyage d'Angleterre, duquel il fut bientost de retour.

Bérulle, avons-nous dit, a eu le malheur d'être canonisé par des panégyristes outrés et par les ennemis de l'Église.

Nous disons panégyristes *outrés*, et cet adjectif est de notre part une politesse. Nous pourrions citer beaucoup, mais cette note est déjà bien longue et nos citations sembleraient une collection de curiosités divertissantes; citons toutefois deux ou trois petits passages et des plus sérieux.

Des personnes d'une éminente piété n'étaient heureuses que quand elles avaient eu l'avis du pieux fils de Madame de Bérulle..., et l'auteur cite un fragment d'un écrit composé pour ces éminentes dévotes, écrit rivalisant avec ceux de saint François-de-Sales et de Fénelon : *Écrit composé par lui, Bérulle, à l'âge de douze ans !!!* Aussi le compare-t-on à l'enfant Jésus au milieu des Docteurs.

Comme tous les esprits recueillis il aimait... les bois, c'est là qu'armé d'un livre il allait à la chasse aux idées. — Encore sur les bancs de la classe, il ramène à la vérité le Président du Parlement de Pau, *très-heureux d'aller à la vertu, comme Bélisaire allait au soleil, appuyé sur le bras d'un enfant.*

La poésie elle-même ne manque pas aux panégyristes : ils nous racontent, comment en son âge mûr, Bérulle allait se reposer chez les Carmélites, *comme les grands aigles au milieu d'un nid candide de colombes !* Bien belle figure de rhétorique, n'était la difficulté pour un grand aigle de se caser dans un nid de colombes ; mais aux poètes tout est permis comme aux panégyristes, dont l'un disait du haut de la chaire de vérité : *Que la mort avait ôté deux fois la vie de Jésus-Christ : une fois sur le Calvaire, l'autre fois dans Paris, en empêchant ce saint personnage de continuer sa vie de Jésus !* Un auteur trouve *cette pensée très-ingénieuse.* — Mais revenons au sérieux, autrement nous n'en finirions pas.

La Providence divine fut merveilleuse en cet endroit sur nôtre Compagnie. Car comme la peste estoit fort echauffée en toute l'Angleterre et que la

---

Nous l'avons dit, Bérulle a été canonisé par les ennemis de l'Église. Jansénistes, Universitaires, Gallicans, Parlementaires et Philosophes, ont loué à l'envi le fondateur de l'Oratoire.

Un des plus anciens prôneurs de Bérulle est le trop fameux Saint-Cyran, le véritable père du Jansénisme. Ce novateur avait trouvé dans Bérulle, un de ces hommes en réputation de vertus, comme il lui en fallait pour dissimuler ses attaques contre l'Église. Le Jansénisme, comme on sait, se composa de trois catégories très-distinctes : — *les trompeurs*, *les trompés* et *les trompettes*. Dans la première, mettez Saint-Cyran, Jansénius, et tout l'état-major, ayant le secret de la secte. L'armée se composait des *trompés*, bonnes gens dont le plus grand nombre allait, sans trop savoir pourquoi, où l'état-major les conduisait. La catégorie des *trompettes* se composaient à peu près exclusivement de femmes — très-utiles et fort habiles auxiliaires du parti. — Il y en avait de toutes les nuances, depuis les archi-entêtées de Port-Royal, jusqu'aux Jansénistes pour rire, comme la marquise de Sévigné et beaucoup d'autres *trompettes*, devenues Jansénistes, pour éviter l'ennui de rester dans le commun des fidèles. Puis, être d'un parti, c'est un besoin pour beaucoup de gens, — un moyen d'être quelque chose et souvent le seul.

Mais revenons à M. de Bérulle. Nous ne lui ferons point l'injure de le mettre dans l'état-major et nous le laisserons parmi les *trompés*. Saint-Cyran avait deviné le succès de son parti dans la mise en scène de ces hommes vertueux, à la façon de Bérulle. Aussi quand il parlera de son ami, son style, perpétuellement à la glace, s'échauffera subitement. Le 5 octobre 1629, il écrivait au P. Bourgoin, général de l'Oratoire :

« M. de Berulle est mort debout, comme les ames qui comman-
« dent à la terre par l'esprit du ciel... la voix publique le tient pour

Reine ne pouvoit si tost faire son entrée en la ville
de Londres, on fut contraint de voyager en diverses provinces du royaume, avec beaucoup d'in-

---

« un homme apostolique, et *moi*, qui *sans parler des autres*
« *temps l'ai hanté pres d'un an entier dans son cabinet*, *sept*
« *ou huit heures par jour*; et l'ai ouï parler de diverses choses,
« etc... *Je lui attribue quasi tout le bien qui est arrivé à notre*
« *royaume et à l'Église de France, depuis quelques années et*
« *je pourrais dire encore beaucoup d'autres choses si je ne*
« *voulais réserver cela à un autre temps.* »

On le voit le fondateur du jansénisme payait largement au fondateur de l'Oratoire ses *entretiens journaliers de sept à huit
heures*, se réservant d'être plus explicite en des temps meilleurs.

Si le venin du jansénisme ne montra pas ses effets en la personne
de Bérulle, on le vit se manifester promptement en beaucoup de
membres de sa famille religieuse; les infecter par degrés et passer de
Saint-Cyran jusqu'au dernier épanouissement de sa doctrine véné-
neuse, en la personne des *Appelants*; plus tard, en celle des
héros de 1793, comme Fouché, ou des *Modérés*, comme Tabaraud.

En terminant cette note, déjà trop longue, mais dont le déve-
loppement demanderait un volume, rappelons un fait consigné dans
les mémoires de Richer. (*Biblioth. impér.*, *supplément français*,
n° 1415, *p.* 132.)

« Bérulle avec ceux de sa congrégation demeuraient au Petit-
« Bourbon au faubourg Saint-Jacques, à Paris; et avaient inventé
« plusieurs airs nouveaux de psalmodie et autres cérémonies afin
« d'attirer le monde par telles nouveautés, et faisaient l'appren-
« tissage de leur institut et de leur nouveau ramage. Pareillement
« il y avait quelques prêtres anglais, docteurs en théologie, qui
« demeuraient au faubourg Saint-Jacques, joignant le Petit-Bour-
« bon, et allaient souvent avec les prêtres de l'Oratoire. Or, l'un
« de ces docteurs anglais, nommé maître Guillaume Bissoph, vint
« trouver Richer au collége du cardinal Lemoine *pour lui faire*

C. 2

commodités; et comme les fouriers Anglois avoient
une extreme aversion pour la Religion Catholique,
ils faisoient divers tours de souplesse aux RR. PP.
de l'Oratoire, et entr'autres ils leurs marquerent le
logis dans une maison pestiferée, et sur leur depart
ils firent courir sourdement le bruit que cette maison estoit suspecte, et que pour cette raison il estoit
expedient qu'ils s'absentassent de la Reine, jusques
à ce qu'ils se fussent purgés l'espace de 40 jours,

« *entendre, de la part de Bérulle, que la congrégation de l'Ora-*
« *toire était instituée pour réfréner les Jésuites et leurs des-*
« *seins*, lesquels par ce sujet appréhendaient fort l'établissement
« des Prêtres de l'Oratoire, qui donneraient main-forte à ceux de
« l'Université pour empêcher le progrès des Jésuites. Partant, que
« Richer qui se montrait tant amateur du bien de l'Université ne
« se devait ainsi opposer aux prêtres de l'Oratoire. Richer répondit
« qu'il ne s'était jamais opposé aux Jésuites pour autre cause,
« sinon pour tâcher de conserver l'Université et en transmettre les
« reliques à la postérité, sachant combien cela importait au bien
« de la société et de la chrétienté; qu'il savait très-bien que l'Uni-
« versité et particulièrement le collège de Sorbonne avait plus à
« craindre les Bérulistes que les Jésuites, etc. »

Si l'Oratoire fondé, disait-on, pour le soulagement des curés
était réellement destiné, comme le raconte Richer, *pour réfréner
les Jésuites et leurs desseins* — et l'histoire des Oratoriens est
parfaitement d'accord avec le récit de Richer, — on voit combien
le *bonhomme* Bérulle se joua de ses amis les Jésuites !

Cependant le P. Garasse a pu croire Bérulle et les siens gens
débonnaires, car il est mort trop tôt pour les bien connaître; il n'a
pu savoir comment Bérulle aimait les Jésuites et le jugeait, lui,
P. François Garasse.

lesquels ils passerent en cette maison à la campagne avec des mesaises incroyables. En effect le R. P. Chantelaupe y mourut et fut fort regretté à la cour; car c'estoit un jeune homme de fort bonne espérance, qui avoit été nourri page de la Reine mere et estoit pour faire de grands services à l'Oratoire de M. de Berulle.

Il n'y eut personne alors qui n'admirât la Providence de Dieu. Car assùrement ce malheur eut été accueilly par le P. Jaquinot, et ceux des nostres qui lui avoient été donnés pour compagnons. Davantage les troubles et le peu d'intelligence qui se glissa bientost entre la France et l'Angleterre eussent été infailliblement imputés aux mauvais gouvernemens de nos Peres, et quelque sagesse qu'ils eussent pû apporter en leurs actions, on les eut rendus criminels de tous les troubles du royaume.

Pour revenir à l'année 1624, qui fut la mere de nos persécutions, les affaires de la Valteline, qui remuerent toute l'Europe, donnerent aussi une étrange secousse à nostre Compagnie. Car on nous imputa tous les livres qui se firent en divers endroits de l'Allemagne et de Flandres, par des esprits fretillans, sous prétexte de bon zèle. Et comme il s'agissoit de Religion, nos meilleurs amis se laisserent aisement porter à cette créance prejudiciable, que satan semoit dans les esprits factieux,

et on nous pensoit faire faveur de nous croire auteurs *Des mystères politiques*, et *de l'avertissement au Roy*, comme il se verra cy-après. Les
affaires s'aigrirent si fort de part et d'autre, que le
Pape pour y remedier trouva bon d'envoyer en
France le Cardinal Barberin son neveu en qualité
de légat *à latere*, et ce fut encore là où le diable
tâcha de nous nuire, en la personne du légat et celle
du P. Eudemon Joannes, qu'il avoit en sa compagnie.

Mais pour ne pas rompre le fil du tems, il faut
remarquer que sur la fin de cette année 1624,
M. de Metz frère naturel du Roy ayant heureusement achevé ses etudes de Theologie, desira faire
un acte public en présence de Sa Majesté dans nostre collége de Clermont. Quasi toute la Cour le
dissuadoit de faire ses reponses chés nous, mais
de faire cet honneur à la Sorbonne, auquel cas il
n'y aurait pas de peine d'y amener le Roy et toute
la cour : mais dans le college des Jésuites, dans
cette conjoncture d'affaires, le Roy avoit peine de s'y
résoudre, comme de fait il fut véritable. Mais ce
brave prince se resolut ou de ne point repondre,
ou de faire cet honneur à ses maistres. Il gagna
donc sur l'esprit du Roy qu'il lui plût honnorer
ses disputes, ce qu'il fit le jour des Roys l'an 1625,
avec la plus royalle et illustre assemblée qui entrât

jamais au college de Clermont. Nos ennemis cre-
voient de rage, voyant la rue Saint-Jaques toute pleine
de carosses, de gardes et de pages, et le Louvre
transporté chés les Jesuites. Dez le lendemain on
trouva nos portes couvertes d'epigrammes sanglan-
tes contre nous, et des apostrophes au Roy, et
l'espace de 15 jours ce fut le sujet des declamations
et des leçons de l'Université. Il fallut que le Roy
interposât son autorité pour appaiser ces manies,
et pour anéantir ces satyres, qui ne parloient rien
moins que du massacre des Roys.

§ III.

Le R. P. Cotton arriva sur ces termes le 24 janvier de la même année, et fut tout a fait bien receu
de leurs Majestés et de M. le cardinal de Richelieu,
lequel estant enfermé pour les affaires d'Angleterre
dans son cabinet avec les Mylords de Hé et de
Carlile, s'élança aussi tost qu'il entendit parler du
P. Cotton, et pria ces Messieurs de l'excuser s'il
leur faussoit compagnie, pour saluer son bon ami,
et aussitost il lui sauta au col et l'embrassa bien
cherement, avec de belles protestations d'amitiés.
Toute la cour visita aussi le Pere dans nostre maison
professe, et les choses sembloient avoir changé de
face à la venuë de cet ange de paix, car en effect le

peuple de Paris croyoit voir un ange après une si longue absence. Mais la joye ne dura pas longtems, car le Pere ayant pris la charge de sa province le 27 de janvier jour de saint Jean Chrysostome, il semble que ce grand patron des persecutés dechargea ses anciennes persecutions sur les epaules de ce Pere, comme il se verra par le narré suivant.

A peine l'avions-nous salué en qualité de Provincial que se retirant en sa chambre immediatement avant le souper, il trouva sur l'entrée de sa chambre le P. Brebeuf, procureur du college de Rouen, qui est maintenant en Canada, et qui estoit venu en poste pour troubler notre contentement. Lui ayant donné brievement audiance, il ordonna que l'on appelât ses consulteurs, qui avoient déjà pris place à table. Tout le Refectoire se troubla d'abord, et toute la recreation du soir se passa en conjectures de frayeurs. Car ils demeurerent en consultation avec ledit P. Brebeuf, jusques à huit heures du soir sonnées, el les litanies estant achevées, le P. Cotton nous fit transir de peur, nous priant de recommander à Dieu une affaire de grande importance, où il s'agissoit de la ruine totale de notre Compagnie. Il y en eut bien peu qui pussent dormir cette nuit, car ce n'estoient que voyages continuels et processions en la chambre du Pere Brebeuf, pour apprendre ce qu'on n'eut pas voulu scavoir. L'histoire est donc telle que je l'ai apprise du P. Brebeuf, et depuis du P. Ambroise Guyot.

Un méchant prêtre demeurant à demie lieuë de Dieppe, choisit pour confesseur le P. Ambroise Guyot, qui demeuroit alors en la residence de Dieppe, avec le P. Chapuis, superieur de la residence et nôtre bon frere Benoist. Ce malheureux homme abusoit des sacremens, comme il confessa depuis, et comme par une hypocrisie diabolique faisoit exterieurement, ne parlant que de reformer sa cure et arrester le cours des débauches, vivant néanmoins très-impudiquement en son particulier. Car le procès qui fut bruslé avec lui, parloit *de crimine pessimo*, qui estoit sa vie ordinaire. Le P. Ambroise l'allant voir un jour par manière de promenade, rencontra quatre pauvres soldats Espagnols, qui venaient du Pays-Bas, et qui lui demanderent l'aumône. Le Pere leur repondit qu'il n'avoit point d'argent, mais qu'il alloit dans la maison d'un homme de bien, qui leur feroit volontiers la charité. Par le chemin ils s'entretinrent des affaires de la Valteline, et nostre frere Benoist se retira pour reciter son chapelet (ce qui est grandement à remarquer pour la suitte de l'histoire). Ils arriverent au logis du curé qui receut le P. Guyot à son ordinaire, et donna la passade à ces soldats d'Espagne. Le Pere s'étonnant

de' voir le bon gouvernement qui estoit dans les
Etats d'Espagne, dit tout simplement que le roy
de France n'estoit pas si bien servi que celui d'Espagne. A quoi le prêtre ajouta que c'estoit celui-la
qui meritoit d'être roy de France. Le Pere et son
compagnon ne pouvant souffrir cette parole le tan-
cerent rudement. Depuis ce temps-là ce malheureux homme chercha tous les moyens de nuire au
Pere Ambroise. Dieu qui est juste permit que la vie
de ce méchant homme éclatât et qu'il fût accusé de
sodomie, pris et emprisonné dans la conciergerie
à Roüen. On instruisit son procès, et cependant sur
l'esperance d'échaper, ou autrement, il s'avisa de
dire qu'il avoit eu quelque mauvaise volonté contre
le Roy, et qu'elle lui estoit venuë par la hantise du
P. Ambroise Guyot, qui lui mena un jour à telle
heure quatre soldats Espagnols pour entrer en
conspiration avec lui. Le premier Président, qui
n'estoit pas de nos meilleurs amis, et auquel on
avoit ouï dire cette parole, le jour de la promotion
de M. d'Aligre à la charge de garde des sceaux, à
laquelle il aspiroit depuis longtems, *qu'il se vange-
roit des Jésuites un jour de sa vie,* pensant avoir
receu quelques mecontentemens du P. Seguiran,
fut bien aise de cette nouvelle. Et on ouit un autre
président de la Cour qui dit en sortant de l'audiance de ce malheureux : *Voila la meilleure af-*

*faire qui se soit jamais presentée à la Cour, à
laquelle il faut servir le Roy.* Le premier President depesche à Dieppe pour se saisir de nos Peres.
Le P. Chapuis et le P. Ambroise et Benoist furent
plustost arrivés et enfermés en la conciergerie de
Rouen, que le P. Recteur n'en sceut des nouvelles.
Le P. Chapuis fut élargi aussitost et mis entre les
mains du P. Recteur de Rouen pour en repondre à
la Cour quand il en seroit requis. Le P. Ambroise
et son compagnon serrez etroitement et interrogez
à l'écart. Le Pere reconnu très-simple et d'une humeur chancellante donna sujet à nos ennemis de
croire qu'il faisoit du simplart à dessein. Il confessa
franchement qu'il avoit trouvé ces quatre soldats
sur son chemin et qu'il les avoit entretenus des
troubles de la Valteline et des affaires d'Espagne
et que à leur raport, il avoit reconnu que le Roy
d'Espagne estoit mieux servi que nostre Roy. Il en
dit assez pour donner quelque prise à la mauvaise
volonté du premier President, qui lui fit de grandes
reprimandes là-dessus.

On appella Benoist pour procéder à son interrogation. Mais il repondit que durant cette promenade, il s'estoit suivant sa règle retiré pour n'entendre le discours de ce Pere avec ces gens, et qu'il
avoit dit son chappellet. La Cour ne sceut jamais
tirer de lui autre parole, et voyant que le prêtre ne

l'avoit point chargé, il fut élargi et remis entre les
mains du P. Recteur. Dieu permit que le premier
Président s'aveuglât grandement en cette affaire.
Car il condamna par precipitation ce méchant prè-
tre sodomiste et le fit bruler avant que le P. Guyot
fût arrivé à Dieppe, de peur que l'accusé, comme
il se voit par l'evenement ne se reconnut et dechar-
geat le P. Guyot, comme de fait il arriva. Car estant
près de sortir de la prison pour aller au lieu du
supplice, il retracta publiquement en presence de
dix ou douze personnes l'accusation qu'il avoit faite
contre nos Pères et nommement contre le P. Guyot;
disant que ç'avoit été par animosité particulière
qu'il l'avoit accusé. Sa deposition fut ecrite publiquement par un Greffier dans la prison. Et derechef etant sondé avant que de rendre l'ame s'il
persistoit dans la décharge du P. Guyot, il dit
qu'oui, et qu'il le reconnoissoit pour innocent. Le
Greffier en presence de tout le monde prit acte de
cette derniere deposition, laquelle il ecrivit et la
porta au premier President en presence de temoins.
Le premier President le tança rudement d'avoir
receu cette décharge, et lui dit en colere : *De quoi
vous meslez-vous?* Le Greffier lui repondit courageusement qu'il se mesloit de sa charge, qu'il y
alloit de sa conscience de ne pas opprimer les innocens. Le premier Président ayant fait semblant de

dechirer le papier, le Greffier lui dit de s'en garder
et qu'il le lui donnoit en presence de temoins, pour
le presenter à la Cour quand il en seroit besoin.
Nos Peres de Paris avertis de ce malheur trouverent
bon d'envoyer à Rouen le P. Philippeaux, qui avoit
été dechargé du Rectorat huit jours devant, et qui
faisoit estat d'avoir quelques habitudes avec quelques Messieurs de la Cour, et surtout avec M. le
premier Président. Il partit donc en poste avec le
P. Brebeuf, le 28 janvier, et aussi tost qu'il fut
arrivé, il alla saluer M. le premier President, qui
lui fit semblant de ne l'avoir jamais vû. Neantmoins
comme le Pere est courageux il lui parla fort hautement, et lui fit entendre entre autres choses, qu'on
sçavoit bien ses menées, et les pratiques des temoins
qu'il avoit gagnés vers Dieppe. Le premier Prési-
sident qui estoit à l'escart dans un coin de la salle
s'émeut, et dit tout haut : *Je voudrois bien que vous
me dissiez en presence de ces messieurs ce que vous
venez de me dire en secret.* Et ce disant s'approchoit
de la cheminée, où il y avoit bon nombre d'honnestes gens, qui se chauffoient. Le Pere qui estoit
bien assuré de son affaire lui dit tout haut : *Je suis
prest de vous maintenir en presence du Roy ce
que je viens de vous dire, dont je prens ces messieurs pour temoins, que vous avés sollicité des
personnes pour déposer contre le P. Ambroise.*

Et ce disant tira un billet de sa pochette auquel trois ou quatre avoient signé en foi de cette vérité, et montra publiquement des lettres de quelques-uns de nos amis de Dieppe, adressées au P. Chapuis, l'avisant que M. le premier President faisoit son affaire propre de cette accusation et s'y comportoit en partie. Il ajouta en presence de ces Messieurs : *C'est une animosité particuliere que vous couvés dés longtems contre le Pere Seguiran.* Jamais homme ne fut plus muet ni plus assommé d'etonnement que le fut M. le premier Président. On taxa neantmoins au Conseil la liberté du P. Philippeaux, et quelques-uns de nos Peres eussent bien désiré qu'il n'eût pas si fort aigri l'esprit de ce seigneur. Toute la ville estoit en emeute et divisée en étranges factions. Car les gens de bien qui voyoient les violences de M. le premier Président en conçurent de grandes amertumes, et neantmoins comme il est fort puissant en toute la Normandie, n'osoient parler de son procédé qu'à demie bouche. Il y eut toutefois deux hommes des plus puissants du Parlement qui lui firent teste, sollicités comme il est à croire par une providence particuliere de Dieu. Le premier fut le President Saint-Aubin, qui lui fit un repart merveilleux en pleine audiance. Car comme il se plaidoit une affaire où il s'agissoit des interests du Roy, et que les gens du Roy n'eus-

sent pas comparu : Voila que c'est, dit-il tout haut
en se plaignant, *comment le roi est mal servi.* A
cette parole M. le Président Saint-Aubin lui repart
tout haut : *C'est pour cette parole, Monsieur, que
vous vouliez rendre le P. Ambroise criminel de
leze-majesté.* Le deuxième fut M. Niquet avocat
general, que nous avions toujours éprouvé trés-
contraire en toutes nos affaires. Car il prit notre
cause en main, donnoit de trés-bons avis au P. Philippeaux, et voyant que M. le premier Président
ne s'appaisoit pas, il lui dit que s'il continuoit à
user de telles violences, il estoit resolu de quitter
le Parlement et de se plaindre au conseil du Roy.
Nous fimes tant par nos amis que l'affaire fut évo-
quée au conseil, et le Parlement de Rouen interdit.
Le P. Ambroise fut menné à Paris et remis entre les
mains du P. Provincial, pour en repondre au Roy,
lorsqu'il en seroit requis. Quand il fallut livrer le
P. Ambroise entre les mains de nos Peres de Rouen,
M. le premier President lui dit tout haut : *Allez,
vous êtes le plus sot, ou le plus méchant et dissi-
mulé homme du monde.* Au Conseil, toutefois, par
presomption de trop bon droit nous manquasmes
d'estre maltraités, d'autant que nous fiant trop sur
l'innocence du P. Ambroise, nous ne vismes aucun
de nos amis, et nous donnasmes le tems à ceux qui
ne nous vouloient pas de bien, de renforcer leur

parti dans le conseil, et appeler des Maistres des
Requestes et des Conseillers d'Etat a leur devotion.
M. Favier, animé contre nous à l'occasion de son
fils, qui s'étoit allé rendre novice à Nancy contre
sa volonté, déclama si puissamment et échauffa si
fort l'esprit des juges, qu'on resolut de renvoyer
l'affaire au Parlement de Rouen, pour achever le
procès au P. Ambroise. En sa harangue il n'oublia
rien de tout ce que nos ennemis ont accoutumé de
nous reprocher depuis l'entrée de nos Peres en
France, et conclut qu'a dire le vrai, le P. Ambroise
ne sembloit pas coupable, mais que tout l'institut
l'etoit, et qu'il y alloit de l'interest du Royaume de
se défaire de nostre Compagnie; puisque a nostre
occasion on voyoit si souvent renouveller dans le
conseil cette malheureuse question du meurtre
de nos Roys. M. Dangenes qui est aujourd'hui
archevesque de Lyon harangua trés-puissamment
en nostre faveur, et renversa la harangue de M. Favier, et fit voir trés-clairement à l'assemblée que le
vrai moyen d'autoriser ces questions estoit celui que
prenoit M. Favier, *d'autant*, dit-il, *que plusieurs
foibles esprits se persuaderont aisement qu'une
doctrine, laquelle on veut faire croire estre sou-
tenue et embrassée par des personnes reconnues
sçavantes, est soutenable en elle mesme; et chasser les Jesuites pour cette cause c'est gáter nos af-*

faires, et tomber dans l'inconvenient que nous voulons eviter. Car quand les Jesuites que l'on estime ordinairement sçavans seront bannis pour la deffense de cette doctrine, qu'on leur impute, on l'autorise davantage dans les esprits, et voyant que des gens sçavans et hommes de bien ont mieux aimé souffrir la mort et le bannissement que quitter leur doctrine. Ainsi, je concluds que ceux qui remuent ces questions odieuses font un très-mauvais service au Roy; je ne me mets pas trop en peine pour justifier le P. Ambroise, puisque M. Favier le reconnoit lui meme innocent. Mais je dis que le meilleur service que nous pouvons rendre à l'Etat c'est d'étouffer à jamais ce procès et cette question. M. de Léon, qui depuis fut commissaire à Bordeaux pour l'accommodement du Parlement et de M. d'Epernon, seconda M. Dangenes et fut suivi de M. de Nesmond et de M. Fouquet nos bons amis. M. Turquan, le Raporteur voyant neantmoins que la majeure l'emportoit et que M. le Chancelier alloit prononcer l'Arrest du renvoy au Parlement de Rouen, se leva tout en colere, et jura Dieu qu'il n'y avoit personne au monde qui pût lui arracher ce procès d'entre les mains que le Roy, et qu'il y alloit de son service que cette question fût etouffée à jamais. Ainsi le P. Ambroise fut remis entre les mains du

P. Cotton qui le·tint quelques jours dans la Maison professe et de là l'envoya demeurer à Pontoise.

Nous obtinmes ainsi du Roy l'abolissement de cette
affaire, quoique l'arrest fût prononcé par M. le
Chancelier contre nous.

§ IV.

Mais il faut revenir au commencement de cette
persecution. J'ai dit que le R. P. Cotton arrivant
dans Paris au commencement de l'année 1625 fut
receu comme un ange venu du ciel ; mais que ces
caresses humaines ne furent pas de longue durée.
Il se prouvera par ce que je vais dire : il commença
ses predications de cette année 1625 , par la fête de
la Purification , dans Saint-Gervais , suivant la coutume de Paris, parce que les predicateurs de carême
prennent possession de leur chaire a tel jour. On
attendoit ce sermon avec avidité. Le Roy, les Reines, Monsieur, et toute la Cour y fut, il y en eut
qui furent satisfaits, d'autres qui ne trouverent pas
le contentement qu'elles pretendoient, et surtout
un des plus grands du Royaume fit tous ses efforts
pour prouver que le P. Cotton n'estoit pas celui-là
que l'on avoit jadis admiré dans Paris, et par une
sienne lettre dont il gardoit l'original et qu'il ne
montrait qu'à ceux qui ne la vouloient pas voir,

il tachoit de faire voir qu'il estoit decheu de cette
bonté de sens et de jugement qu'il avoit autrefois.
L'histoire est remarquable, dont je suis le temoin
occulaire, et même le premier motif sans y songer.
L'année 1622, au mois de juin, le R. P. Cotton estant
allé saluer la Reine mere à Coignac, où je me trou-
vai, nous fûmes invités par le R. P. Suffren, qui
estoit à la suitte de la Cour, et logeoit chez un bourgeois de Coignac, il y avoit par fortune sur la table
une vinaigrette de terre cuite en habit de Cordelier,
de l'invention de quelque potier huguenot. Quand il
falloit s'en servir, il falloit de necessité lui renverser
les pieds en haut pour faire couler le vinaigre, qui
sortoit par le capuchon, donc en renversant cette
cruche je m'apperceus qu'elle avoit au bas ces
paroles gravées dans la terre : *Pauvre Cotton*, de
quoi estant fort étonné je le montrai à tous les Peres
et surtout au P. Cotton, qui nonobstant sa gravité
en pensa perdre contenance, tant il en fut surpris
et transporté de rire, je pensois que l'affaire fut
finie et terminée pour jamais, et neantmoins trois
ans après voici comment elle fut renouvellée par la
malice de ceux qui font leur profit de tout. Le P.
Cotton estant de retour à Bourdeaux voulut, suivant
la familiarité qu'il avoit avec la Reine mere, lui donner un honneste divertissement, lui écrivit à Pou-
gues où elle prenoit des eaux, qu'estant allé pour

C.   3

la saluer à Coignac, il avoit receu un trés grand
affront des Huguenots entre les mains desquels il
estoit tombé; qu'ils l'avoient vétu en Cordelier,
qu'ils lui avoient fait crier le vinaigre, et renversé
les pieds en haut et écrit sur sa robe : *Pauvre
P. Cotton*. La Reine mere ayant receu la lettre du
Père fut si surprise d'etonnement qu'elle ne scavoit à
quoi se resoudre, la chose lui paroissoit si étrange,
qu'elle avoit peine à croire si c'estoit la lettre du
P. Cotton. Il falut députer à Nevers pour savoir de nos
Peres si c'estoit là veritablement le caractere du
P. Cotton. La chose averée et l'enigme deviné,
donna autant de sujet de contentement à la Reine,
que la lecture lui avoit donné d'apprehension. Cette
lettre tomba entre les mains d'un puissant seigneur
qui la garda pour s'en servir aux occasions. Car
nonobstant les caresses qu'il lui avoit faites à son
arrivée à Paris, il produisoit publiquement cette
lettre, lui donnant des commentaires odieux. [Le
Père] precha neantmoins le carême suivant à Nostre-
Dame avec un grand concours, tant que la petitesse
du lieu le pût permettre.

§ V.

Durant ce tems, c'est-à-dire le premier de mars,
il plût à Dieu adoucir nos persecutions par une

action miraculeuse de saint Ignace et saint Xavier. Je la dirai à leur honneur sans offenser la memoire de personne. Un jeune marquis des meilleures maisons de France ayant fait ses etudes à la Flèche et ayant demandé instamment l'entrée en nostre Compagnie, le R. P. Ignace ne voulut pas le recevoir sans l'aveu de Messieurs ses frères. L'aisné étant mort, il s'adressa au deuxième qui est un des plus braves Evèques de France et qui nous aime fort. Ce prelat accorde au P. Ignace, pourveu qu'on eut éprouvé cet enfant, qui estoit d'une humeur trés douce, susceptible du bien et du mal, d'un esprit excellent. Il fut à la malheur pour lui, resolu qu'il viendroit à Paris et que là, l'on l'eprouveroit. D'abord il frequente nos Peres de la maison professe, y trouvant ceux qui avoient manié sa conscience à la Flèche; il s'adonna à la piété, il ravissoit tous nos Peres par son maintien tout angelique.

Pourtant les mauvaises compagnies l'emporterent sur son bon naturel, il frequenta de jeunes debauchez qui lui enseignerent a renier Dieu, *usque ad horripilationem*. Nos Peres ne pouvoient assés s'étonner de le voir un chartier embourbé, ou un petit demon, l'ayant vu un petit ange. Sur l'automne de l'an 1624, il se resolut de voyager en Allemagne en compagnie de trois ou quatre seigneurs ses amis. Comme ils furent à Ingolstat, ils apprirent que proche de là, il y avoit une femme qui predisoit l'avenir. La curiosité les pousse jusques là. Cette femme après avoir considéré ce seigneur qu'elle n'avoit jamais vû, elle lui dit : *M. le Marquis, vous étes de grande maison, vous avez eu des Ancêtres qui ont fait de grandes choses pour la France. Mais je vous dirai, si vous pouvés passer le 1er de mars prochain, vous les surpasserez tous. Mais gardez-vous ce jour là d'un coup de carabine.* Il se moqua de ces paroles, et étant de retour à Paris, il dit à ses frères : *Vous pouvés bien vous cacher feneants que vous étes. Car je vous étoufferai tous. Il faudra que vous adoriez le soleil levant. Mais il faut que je passe le 1er de mars, qui m'est fatal, à ce que l'on m'a dit.* Il traisne tout l'hivert dans ses debauches, croissant en impiété, n'ayant point d'autres compagnies que Chalais, Bouteville et deux autres seigneurs de mesme ordre qui sont encore en vie. Il arriva, durant ce carême de 1625, un débordement horrible dans Paris, de ravissemens de filles par des seigneurs de qualité, qui faisoient enlever dans leurs carosses les filles qui leur plaisoient, avec un scandal public, et un soulevement des pauvres peres qui alloient demander justice au Roy, au nombre de dix ou douze à la fois. Le Roy commanda à M. le Procu-

reur General de tenir l'œil à cet horrible crime.
Ledit seigneur, quoiqu'il fut obligé selon la chair
et le sang en cette affaire, ayant un beau-frère des
plus debordés de la Cour, et qui en avait fait
ravir deux dans nostre rue Saint-Antoine, il ferma
les yeux aux considérations du monde, et voyant
que Deffunctis, qui est le Prevost ordinaire, con-
nivoit avec ces jeunes seigneurs, il s'en plaignit au
Roy, qui dit tout en colere, qu'il falloit faire pen-
dre Deffunctis. M. le Procureur General trouva un
bon expedient, qui fut d'envoyer querir le Prevost
de Meaux, qui estoit un homme resolu et qui
n'avoit égard à personne. Il vint par commandement du Roy. On lui expedie sa commission de
saisir dans Paris en quelque lieu que ce fut, sans
exception de privileges, tous ceux qui seroient con-
vaincus de ravissemens de filles, et de mettre à
mort ceux qui se mettroient en deffences, excepté les Princes du sang. Le malheur porta
que nòtre Marquis avoit presté son carosse et son
cocher à un de ses amis pour un ravissement, dont
il n'étoit pas coupable. Car on ne l'accusoit pas de
cette méchanceté. C'estoit sur la fin de février de
l'an 1625. Il demeuroit avec sa belle-sœur, marquise trés devote et tout-à-fait adonnée aux RR. PP.
Capucins, qui la visitoient souvent, et qui don-
noient toujours quelque attaque à nostre jeune

marquis. Mais par malheur il tournoit tout en risée,
esquivant doucement et avec une gentillesse d'esprit merveilleuse. Il arriva donc le 20 ou 21 de
février, que se voulant retirer du quartier de sa
belle-sœur, et passant une basse-cour qui étoit au
milieu du logis, il s'arrêta pour faire de l'eau, et
jettant les yeux sur sa chambre il s'apperçoit de
deux Jésuites à sa fenêtre; il s'écrie au page qui
portoit la chandelle, quels Jésuites sont là, et
qu'est-ce qu'ils demandent à une heure si indue?
On lui repond qu'il n'y a ni Jésuite ni etranger à sa
chambre, et qu'il n'y en peut avoir, la porte du
degré étant fermée. Je resve donc? dit-il. Mais je
pense voir deux Jésuites à cette fenêtre. Tout le
monde s'assemble du quartier de la marquise sa
belle-sœur, et surtout une jeune damoiselle qui
avoit coûtume de lui faire la guerre sur ses refroi-
dissements en la dévotion. Lui la voyant s'écria :
*Serenne, Serenne, ce n'est pas moquerie, voilà
deux Jésuites à ma fenestre.* Il fait du resolu et
monte dans sa chambre, et d'abord s'écrie : *Qui
vive?* et ne voyant personne, il se retire. Sitôt qu'il
commença à sommeiller, il entend que l'on lui lève
la pante du lit, et voit de chaque costé un Jesuite
tout flamboyant qui le menace s'il ne reprend le
cours de ses devotions premieres. Il s'écrie à ses
vaslets; on allume du feu, on le trouve tout en

sueur. Neantmoins comme il avoit le cœur endurci,
revenant à soi, il ne dit autre chose que ces paroles :
*Ces Jesuites m'en veulent bien, que ne me laissent-
ils en repos?* il se leve assés tard, il va au Louvre,
et trouvant là ses compagnons, il raconte sa vision,
la tourne en raillerie, et l'on dit que ce marquis, ce
brave esprit est homme de visions. Tout le jour se
passe sans remords, jusques au dernier de février,
qu'entrant dans le quartier de la marquise sa belle-
sœur, comme il fut sur l'entrée d'un petit curri-
toire, qui conduit à sa chambre, il avait le passage
fermé par un Jesuite, qui tenoit une epée toute
flamboyante en sa main, preste à lui decharger un
coup. Ce fut à cette heure que ce pauvre marquis
s'écria : *Jesus, Maria, Serenne, Serenne, aidez-
moi!* On sort en diligence, on court où il estoit, et
l'on le trouve à demi mort renversé par terre; on le
porte dans la chambre de la marquise; on tâche de
le faire revenir à soy, et surtout de mettre ordre à
sa conscience. Après quoi il passa la nuit tout entière dans de grandes inquiétudes.

Le lendemain, il se leve tout assoupi, se resout
de n'aller point au Louvre de ce jour là, et de tenir
la chambre. On le vit tout englouti dans une mélancholie extraordinaire; il se jette sur une couchette,
tout triste, lorsque voilà le Prevost de Meaux, qui
passoit par la rue Coquilliere avec sa bande, qui

va saisir son cocher sur le seuil de la porte. Un page
tout transporté lui vint dire, que le Prevost de
Meaux entrainoit son cocher. *Mon cocher,* dit-il
en reniant le nom de Dieu, *mon cocher?* Et comme
tout éperdu, se levant, demande son épée. Et tout
ainsi qu'il estoit sans chapeau, prenant la premiere
epée qu'il rencontre et le chapeau d'un de ses
pages, il le suit à la course vers la rue des Petits-
Champs, et de là en celle de Saint-Honoré (car le
Prevost alloit d'une vitesse non pareille, pour le
mener aux prisons du Palais);il l'atteint vers la croix
du Tiroir, qui fut le lieu fatal de sa perte. Il le prie
premierement avec douces paroles de lui rendre
son cocher. Le Prevost lui refuse, en opposant le
commandement du Roy ; il poursuit encore avec
des termes pleins de cajolerie, comme il estoit mer-
veilleusement persuasif. Mais voyant qu'il ne ga-
gnoit rien par la douceur, il tire son epée, eu
reniant le nom de Dieu , et s'approche du Prevost,
lequel sans s'émouvoir, commande à sa bande,
qui tenoit le cocher, de le tuer, si on leur veut....
oster par force et de se tenir en deffense. *Et pour
vous, Monsieur, je vous prie,* dit-il, *ne hazardés
point vostre vie.*—Comment, coquin, dit le Marquis,
ne me connois-tu pas? *Si fait,* dit M. le Prévost
tout froidement, *et vous honore ; mais je ne puis
faire autre chose que le commandement du Roy.*

Lui faisant le fougueux et voulant percer le Prevost,
celui-ci se retire de deux ou trois pas, et lui plante
un coup de carabine dans l'estomach, duquel coup
il alla mourir auprès de l'hostel de Schomberg en
criant, à ce qu'on dit : *Un Jesuite, un Jesuite.*
Mais on n'est pas assuré de cette dernière circonstance : tant il y a qu'il mourut soudainement et
sans estre assisté de personne pour le salut de son
ame. Le reste du narré est ce qui arriva au Prevost
et est tres remarquable, mais il n'appartient point
à nos affaires auxquelles je reviens.

§ VI.

Après Pasques de cette année 1625 se fit cette
célèbre assemblée du Clergé où l'on compta jusques à cinquante Evèques. Elle avoit esté concertée
dans Saumur, le propre jour de saint Thomas, 1624,
entre deux Evèques des plus puissans de toute la
France, qui se rencontrerent à Nostre Dame des
Ardillieres sous pretexte d'une neuvaine, et en effet
c'estoit pour fondre cette cloche que nous ouïmes
sonner après Pasques par toute la France. Ces deux
Evèques demeurerent dix jours chez les Peres de
l'Oratoire traitant de leurs affaires. Et comme je
preschois l'Avant à Saumur je découvris une partie
de leur dessein, et en donnai avis au R. P. Seguiran,

lequel estoit alors à la Cour. On entendoit sourdement des menées contre les Reguliers et privilegiés, et des propositions aucunement scandaleuses contre toute la Moinnerie (car c'est ainsi qu'ils parlent des Ordres Religieux) laquelle, à leur dire, il falloit reformer et contenir en son devoir. Durant cette neuvaine, ils ne laisserent pas de traiter avec moi fort familierement, ne perdirent aucuns de mes sermons ; et les fêtes de Noël estant venües, l'un d'eux agrea que je lui quittasse la chaire. Car en effet c'est un des Evêques qui s'en acquitte le mieux et le plus dignement de la France. Le R. P. Seguiran, prévoyant le danger de cette assemblée, fit en sorte avec M. le Cardinal de la Rochefoucault qui n'approuvoit en façon du monde cette indiction du clergé si extraordinaire, que le Roy commanda à M. le Chancelier de l'indire à Montargis, et de l'éloigner de Paris, pour éviter toutes les ligues et factions des esprits remuans. Aussi tost un des Evêques que j'ai nommé s'apperceut de la ruse, et en jetta le blâme sur le P. Seguiran, s'en vint nous voir à nostre maison professe pour nous prier d'oster cette fantaisie, disoit-il, de l'esprit du R. P. Seguiran, qui s'attireroit par ce moyen la haine de tous les Evêques de France. Le Reverend Pere se laissa ailer aux prieres qu'on lui en fit de dehors, car dedans il n'en fut jamais importuné par nos Peres.

Cette assemblée donc fut indicte et tenue à Paris
dans le refectoire des Augustins, auquel on a accoutumé de faire les grandes et notables assemblées.
La premiere seance montra ce qu'ils avoient dans
l'âme. Car elle commença par la plainte que fit Mgr
l'Evèque de Cornouaille contre nos Peres de Quimper Corantin, touchant les reponses peu respectueuses du P. Procureur du college, par lequel il
pretendoit avoir esté offensé, et sa dignité violée à
l'occasion de nos privileges, et confessions de Pas-
que. Car le P. Procureur à ce que disoit ledit Sieur
Evêque, estant semons, à l'absence du P. Recteur,
de s'abstenir des confessions, lui repondit avec
quelque espece de mepris, que nous tenions nos
privileges d'un plus grand que lui, et que nous
étions résolus de ne céder à nos droits. L'assemblée
appela le P. Ignace pour répondre sur ces faits, et
pour avoüer ou desavoüer la reponse du P. Procureur. Le R. P. Ignace donna la satisfaction à l'assemblée, disant que ce n'estoit pas à lui, qui par la
grâce de Dieu n'estoit point en charge, d'avoüer ou
desavoüer la reponse d'un Pere, sur lequel il n'avoit
aucune autorité ; que si néantmoins il avoit parlé
à M. de Cornoüaille avec moins de respect qu'il ne
dévoit, non seulement lui, mais toute la Compagnie
désavoueroit sa reponse, priant toutefois l'assemblée
de garder une oreille à l'accusé et au Provincial qui

devoit estre bientost sur les lieux, et donner à l'assemblée toute sorte de contentement.

Peu de jours après l'assemblée qui ne sembloit
estre faitte que pour aneantir les privileges des
Reguliers, fit un reglement à la sollicitation des
Evèques du tout contraire à l'autorité du Pape et
aux privileges des Ordres religieux. M. de Chartres
qui le dressa nous fit neantmoins cette faveur que
de dire hautement qu'entre les Religieux il n'en
avoit point reconnu de plus obeissans aux Evèques
que ceux de nostre Compagnie. Mais son dire ne
peut empescher la croyance commune de tout le
monde, qui disoit publiquement que ces reglemens
estoient faits contre les Jesuites. Comme en effet il
y a plusieurs chefs dans icelui, qui ne peuvent estre
appliqués à d'autres Religieux qu'à ceux de nostre
Compagnie entre lesquels sont ces deux articles. Le
premier, qu'aucun Evèque ne donnera plus les
Ordres, ni les dimissoires pour les recevoir, à aucun
Religieux, qui n'ait fait vœu public et solemnel de
Pauvreté Religieuse, ce qui battoit directement nostre Compagnie, laquelle ne fait le vœu solemnel
que quelques années après la Pretrise. L'autre,
qu'au cas que quelques Religieux vinssent à sortir
de leurs cloitres ou Maisons Religieuses, les Evèques ordonneroient que pension seroit prise con-
grüe et suffisante sur les Maisons desquelles ils

seroient sortis, pour l'entretien de leur vie, à ce
qu'ils ne fussent à charge aux Evêques.

Là dessus comme six Evêques ou Archevêques
nous fussent venus voir tous ensemble dans la Maison Professe, entre lesquels estoient les deux de
Saumur, qui desiroient fort justiffier leur reglement et nous faire croire qu'ils ne touchoient
en façon du monde nôtre Compagnie, mais seulement un tas de Cordeliers vagabonds, qui soulevoient un grand scandal dans l'Eglise de Dieu. Nous
leur fimes avouer que ces deux articles, que je viens
de cotter ne visoient que contre nôtre Compagnie ; et
que le dernier avoit esté suggeré à Messieurs les
Evêques par un homme assés connu, sorti de chez
nous, comme l'un d'eux nous confessa franchement.

§ VII.

Durant cette assemblée, le R. P. Binet, Provincial
de Champagne, estant venu à Paris, à la requete
de Madame de Soissons et par le commandement
de Monsieur frere du Roy, nous assista fort puissamment par son autorité, entre autres estant connu
de M. de Langres un des plus zelez en cette affaire,
et qui veritablement a des desseins trés bons pour
l'avancement de l'Eglise. Neantmoins comme il s'est

enrollé à l'Oratoire, il se montre toujours contraire
aux Reguliers. M. de Langres ayant ouï ses raisons
le pria de proposer les inconvéniens qu'il s'imaginoit et dresser l'etat de la question. Il le fit faire
premierement par le R. P. Perard, qui fit un livret
nommé *le Pacifique*, lequel donna quelque satisfaction à Nos Seigneurs les Evéques. Mais comme
elle n'estoit pas entiere, il fut contraint d'y mettre
la main lui mesme. Il fit donc ce livret tant estimé,
qui a esté traduit en toutes langues, et auquel il n'y
a point de report. Mgr l'Evèque d'Orleans un des
plus ardens en cette affaire fit mine d'y repondre,
mais l'effect nous a montré qu'il s'est morfondu en
son ouvrage.

Un des premiers Archevéques de France, voyant
qu'on ne pouvoit nous fléchir, nous porta cette
parole de la part de l'assemblée, que nous vinssions
à renoncer franchement et librement aux privileges
ultramontains, et qu'ils nous promettoient que
pour un privilege ils nous en donneroient quatre,
et qu'en effect nous serions Evèques dans leurs
Dioceses. Il porta cette parole à un homme qui le
renvoya bien vitement, et lui fit voir qu'elle ten-
doit manifestement à un schisme, et estoit trés
scandaleuse. On avançoit de semblables discours,
qui n'estoient que des avant couriers d'une rebel-
lion, et on entendit un des principaux Richeristes

dire publiquement que si la corde ne rompoit, on verroit bientost le Pape et les Jesuites confinez au delà des Monts.

§ VIII.

Comme mal sur mal n'est pas santé, il arriva un accident qui aigrit encore d'avantage l'esprit de Nosseigneurs les Evêques contre nostre Compagnie. C'est que M. le Legat estant sur le point de faire son entrée, il demeura à Orléans et dépecha le seigneur Magaloti, son oncle, leur porter certains articles touchant l'ordre de son entrée et l'etat auquel il vouloit qu'ils y assistassent, et nommement vouloit-il qu'ils vinssent au devant de lui, et l'accompagnassent avec le mantelet et le chapeau. Les Évêques y firent une trés grande difficulté, jusques à dire qu'ils s'abstiendroient plus tost de son entrée. Lui, au contraire, se roidissoit contre cette resolution, laquelle il avoit *in mandatis*. Et comme sur ces difficultés le sieur Magalotti vint à mourir à Paris, ils penserent plus aisément en venir à bout, mais M. le Legat demeura toujours immobile dans sa resolution, qui fut cause que les Évêques lui firent plusieurs deputations a Orleans et au Bourg la Reine où il sejourna quelque temps; et comme NN. SS. les Évêques le voyoient

souvent parler au P. Eudemon Joannes et se retirer en particulier avec lui, ils formerent cette conjecture, laquelle puis fut irrevocable, que c'estoit
par ses conseils qu'il s'estoit ahurté au chapeau et
au mantelet, ce qui ne s'estoit plus vû en France,
à ce que portent les Registres. En effect ils y assis-
terent en cet equipage au nombre de 38 ou 40.
Mais ils nous garderent cela, croyant que nous
en étions les auteurs par une espece de vengeance,
à quoi veritablement aucun de nous n'avoit songé.
M. le Legat ayant fait son entrée, laquelle fut aussi
magnifique qu'on la scaurait imaginer, nos ennemis
ne perdirent pas leurs tems, car aussi tost ils tascherent de gagner son oreille et de blâmer nostre
Compagnie. Les uns tâchoient de le divertir de
nos Maisons, lesquelles neantmoins il visitta et fut
receu trés honorablement dans le college. Les autres lui porterent tous les libelles diffamatoires,
qui avoient esté composés contre nous depuis 3
ou 4 ans. Il y en eut qui firent pis, car ils lui
louerent la Bibliotheque de feu M. le Président de
Thou, comme une chose digne de ses yeux, et
firent si bien qu'ils le traisnerent jusques là, où
Rigaud et Dupuis qui en ont la charge et sont tous
deux trés acharnez contre la Compagnie, nommement du Puy, qui n'a herité que le nom de feu son
oncle le P. Clement du Puy, avaient mis en ordre

tous les livres composés contre nous depuis nostre
entrée en France. On dit qu'il y en a plus de 500
trés bien reliez. Et comme il visitoit tous les autres
rangs de livres, dont il estoit fort curieux, on lui
fit feste nommement de celui-ci, pour lui donner
quelque goùt contre nòtre Compagnie. Neantmoins
on remarqua qu'il passa outre, sans en toucher
pas un seul, ce qu'il n'avoit pas fait aux autres
pulpitres, ce qui fut une bonne mortification, tant
à du Puy et à Rigaud qu'au maistre du logis, qui
n'en receut pas la satisfaction qu'il pretendoit. Il
y en eut encore qui furent si étourdis, que de
l'intimider à l'occasion du P. Eudemon Joannes,
duquel ils disoient le nom estre odieux dans Paris
aux gens de lettres et nommement a cet auguste
Parlement, lequel ils pretendoient avoir (eté)
offensé par un ecrit dudit Pere. Et M. Servin
s'oublia si fort que de proposer cette affaire au
parquet des gens du Roy et former quelque sédi-
tion, pour ordonner prise de corps contre lui.
Mais M. le Procural General le renvoya bien
vertement. Le diable donc voyant que l'entrée
lui estoit fermée par cette voye, il tâcha de diffamer le Pere, auprès du Roy, comme l'un des
plus factieux Jesuites du monde et le plus grand
ennemi de son etat qui fut au reste du monde. Le
Roy l'attendoit en cette qualité, et avec prevention

C.   4

d'esprit ; et lorsque ledit Pere se presenta pour saluer Sa Majesté, quelques jeunes Seigneurs qui estoient auprés de lui, comme Chalais, Barradas, et quelques autres jeunes cervelles, eurent une imagination ridicule et digne de leur esprit. Car ils se formerent dans la teste que le Pere ressembloit à une chauve-souris, et se l'estant dit à l'oreille mutuellement, la nouvelle en vint jusques au Roy : et tout autour de lui l'on n'entendoit bourdonner autre chose que le nom de *chauve-souris* avec des risées mordantes, de façon qu'on lui donna ce nom à la Cour, et depuis on ne l'appeloit autrement, en leur jargon, que la *chauve-souris* de M. le Legat. Il harangua neantmoins devant le Roy, et par son discours judicieux, il demantit l'imagination ridicule de ces jeunes hommes. Le Roy lui fit un accueil royal aprés l'avoir ouï et le caressa plus qu'on n'avoit attendu, dont ses ennemis demeurerent chargés de honte.

§ IX.

Au mesme tems et peu devant le départ de la Reyne d'Angleterre, un Ecclesiastique de France [1]

---

[1] Cet *ecclésiastique de France*, dont Garasse voile le nom, sans le cacher, est le cardinal de Richelieu.

fit une collation au fauxbourg Saint-Germain, en laquelle nostre Compagnie servit d'un plat, comme c'estoit l'ordinaire de ce tems là, qu'aucune affaire publique ne se faisoit à laquelle nous n'eussions notre part. Cette collation à ce que nous sceumes des ingénieux et autres officiers qui avoient charge de la dresser, coûta pour le moins quarente mille livres en quatre articles, en confitures, en parfums, en fontaines d'eau de senteur et en feu d'artifice. Jamais Paris n'a vu telle magnificence, non pas même au Carousel de la place Royale. Il y eut trois personnes étouffées sur la place. Les Reines y furent et toute la Cour. On y avait invité M. le Legat, lequel estoit une fois resolu d'y assister; mais comme il entendit que les Ambassadeurs d'Angleterre devoient y estre, il s'excusa.

Il y eut quelques predicateurs qui s'echaufferent par un trop grand zele, et décrièrent puissamment cet abus et cette superfluité par laquelle nommement, on avoit depeuplé tous les jardins autour de Paris, de boutons de fleurs et de fruits à demi meurs, pour faire des confitures. Bien leur valut de n'estre point Jesuites. Car un de nos Peres s'estant avancé de dire seulement à Saint-André des Arcs, que 40 ou 50 mille francs eussent esté mieux employez à fonder un hôpital, qu'à faire une collation de trois heures, en eût son congé peu de jours après et fut chassé de France, comme nous verrons bientost.

Pour donc reprendre le fil de nostre histoire,
nous ne roulâmes depuis ce tems là parmi beaucoup
de contradictions jusques au commencement du
mois d'aoust de l'année 1625, auquel le procès de
Theophile ayant esté mis sur le tapis, pour le terminer après deux ans de prison, nos ennemis firent
tous leurs efforts pour y engager les Peres de nostre
Compagnie, nommement le P. André Voisin et moi.
Tous les jours on faisoit entendre au Roy que nous
sollicitions contre le criminel, et ceux qui tâchoient
de lui sauver la vie, sçavoir M. de Liancourt et
M. de la Roche Guyon, prioient publiquement les
juges de n'avoir egard aux calomnies du P. Voisin,
qui en faisoit sa propre cause. Car pour moi on
connût bientost que je ne m'en meslois en façon du
monde, et bien m'en prit, car j'estois épié de toute
part. Le malheur voulut que le P. Voisin, qui se
confioit entierement à quelqu'un des juges fut par
lui trahi publiquement. Car il porta en pleine Chambre, les écrits et les memoires dudit Pere, par lesquels il remontroit à ces Messieurs, qu'il y alloit
de la cause de Dieu, et que la mort de ce malheureux seroit un sacrifice trés agréable à Dieu. A la
lecture de ces écrits il y eut deux Presidens qui
s'allarmerent fort, et dirent avec grande colere,
que le P. Voisin meritoit mieux la mort que Theo-

phile. Le bruit commun est que les sollicitations
dudit Pere ont sauvé la vie à ce miserable, par
esprit de contradiction, affin qu'il ne fùt pas dit
que la cause des Jesuites prévaloit dans la Cour,
car cette parole fut avancée publiquement par un
President [1].

---

[1] La génération contemporaine, élevée, comme on dit, dans *les
grands principes de* 89, aurait de la peine à juger équitablement
le P. Voisin, si elle ne consentait à considérer son fait au point de
vue religieux et avec les idées de son époque.

Le P. Voisin — pourquoi ne le dirions-nous pas? — a trop
écouté son zèle et point assez la prudence. Cet excès de zèle et ce
défaut de prudence ont, comme on le voit dans le récit du P. Garasse, sauvé la vie à celui dont les crimes ne faisaient doute pour
personne.

On a très-amèrement reproché au P. Voisin d'avoir poursuivi le
poète Théophile comme insigne professeur de blasphèmes et d'immoralité.

Ces crimes, condamnés par la loi divine et la législation de tous
les peuples chrétiens, auraient ramené au bûcher, où il avait déjà
été brûlé en effigie, ce Théophile, ce corrupteur de la jeunesse,
s'il eût été simple manant ou bourgeois, et son supplice aurait fait
oublier ses exemples et ses leçons. Mais Théophile était le poète et
le professeur d'immoralité de la jeunesse dorée de l'époque.

Malgré la sévérité et l'honnêteté de mœurs admirée dans Louis
XIII, sa cour était remplie de jeunes débauchés affectant de blas-
phémer ou *renier Dieu*, comme le dit Garasse : *usque ad horripilationem*, et de tenir des conversations à faire honte aux vulgaires
habitués des mauvais lieux. Le professeur de cette jeunesse corrom-
pue dès avant l'âge de la majorité, c'était ce Théophile, maître et
modèle de ces jeunes seigneurs, destinés à remplir un jour les plus
importantes charges de l'État.

Il ne faut pas mettre en oubli les souplesses dont les fauteurs et adherans de ce malheureux esprit se servirent pour l'arracher de ce mauvais pas, et pour diffamer nostre Compagnie, laquelle on estimoit estre engagée dans cette affaire par des interests particuliers et personnels. Premierement ils gagne-

---

A la vue de ces scandales, le zèle du P. Voisin et celui du P. Garasse ne purent se contenir : le premier dénonça Théophile et le second écrivit sa : *Doctrine curieuse des beaux esprits de ce temps.* Ce réquisitoire de plus de mille pages in-4° est plein de belles choses et de trivialités : il attaque *ces jeunes veaux*, comme il les appelle, avec une verve et un style de tout point inimitables.

Ces *jeunes veaux*, nommés plus tard des *roués* et d'*aimables vauriens*, corrompaient le cœur de la France, pour en faire, comme parle Garasse, un pays d'*athéistes*. Ces élégants vauriens, couverts des plus beaux noms du royaume, intimidaient la justice humaine, mais ne pouvaient arrêter la plume sacerdotale de Garasse : il écrivit, il prêcha sans relâche contre ces illustres polissons vêtus de satin et porteurs d'épées... Rien ne l'arrête; sa plume est un fouet, et ce fouet ne se lasse jamais de fustiger; son style est parfois admirable et son courage l'est toujours.

Les efforts du P. Voisin, le courage du P. Garasse vinrent échouer devant la faiblesse des juges, intimidés par ces courtisans, élèves ou complices de Théophile. Ce docteur en blasphèmes et impudicités sortit de prison pour aller, sous les yeux de ses libérateurs, ajoute Garasse, mourir *comme une bête, après avoir roulé un an tout entier en débauches horribles.*

Pas un des contemporains de Théophile n'osa le justifier; la tâche était impossible; mais ses vices plaidèrent pour lui et le sauvèrent du bûcher. Vulgaire blasphémateur et débauché comme le commun peuple, il était perdu; mais un homme qui renie Dieu avec origi-

rent celui qui tout le premier avoit accusé Théophile
des horribles impietez qu'il commettoit et pronon-
çoit journellement. Celui-ci estoit un jeune homme
d'aussi dangereux esprit qu'il l'avoit excellent, lequel ayant dévotion d'entrer en nostre Compagnie,
s'en vint de son propre mouvement me trouver à

---

nalité et rime avec esprit des saletés innommées devait être le protégé,
le commensal et l'ami des courtisans.

Chose honteuse à dire! ces vices de Théophile ont sauvé son
nom de l'oubli. Ses confrères en littérature sont allés *dans les lieux
où fréquentait l'auteur*, recueillir au milieu des tavernes ces
fragments impurs de prétendue poésie (désavoués par l'auteur à la
vue du bûcher) pour les transmettre à la postérité. Et, faut-il le
répéter, à la honte des sociétés chrétiennes? il se trouve toujours des
éditeurs pour reproduire ces infamies, et des lecteurs pour s'en
repaître. — Que cela trouve asile chez les gens perdus de mœurs,
on le comprend; mais l'incroyable, l'insupportable, c'est de voir des
littérateurs, des bibliophiles, des pères de famille, des honnêtes
gens enfin, faire collection de ces turpitudes sous prétexte de *curiosités littéraires*, — *curiosités historiques*, voilà cependant où en
est venu le sens moral des honnêtes gens!

A peine pouvons-nous ouvrir un de ces *catalogues*, portant pour
titre : *Vente de bons livres*, — sans y rencontrer de ces *bons* livres
clairement désignés aux amateurs de *curiosités historiques et littéraires*. Et ces curiosités richement reliées, par les plus habiles
artistes, sont payées à des prix fabuleux et conservées comme des
bijoux.

Un jour nous visitions la bibliothèque d'un illustre amateur et
très-honnête père de famille; conduit par ses enfants, nous finis-
sons par arriver devant un compartiment soigneusement grillé et
fermé à clef : ayant demandé le pourquoi de ce soin extrême, un
des jeunes gens nous répondit : Ah! notre père se garderait bien

Saint-Germain-de-l'Auxerrois, où je demeurois,
prêchant l'Avent de l'année 1621, et me dit des
choses si execrables qu'elles estoient capables de
glacer le sang dans les veines, me raportant pour
témoin Maurice le Parfumeur qui demeure à la
Croix-du-Tiroir, et Cerizier, secrétaire de M. le
comte de la Rochefoucault. Ma conscience m'obligea de l'exhorter à en faire son raport à M. le car-

---

de nous confier sa clef et de nous laisser lire une seule page de
ces livres; ce sont, nous a-t-il dit, des ouvrages détestables et
très-dangereux à notre âge... S'il les garde, c'est comme raretés ou
curiosités.

Quand cet illustre amateur de *curiosités historiques et litté-*
raires est venu à mourir, a-t-il paru devant Dieu ayant en main la
clef de sa vitrine? N'avait-il pas au moins donné ordre de brûler ses
curiosités? Je le veux croire; mais voilà bien nos *honnêtes ama-*
teurs! Pour eux, comme le dit de Maistre, un livre est toujours
bon, pourvu qu'il soit mauvais; et plus il est mauvais, plus il est
sale ou impie, plus il importe de le mettre dans sa collection.

On nous dit, pour excuser ces amateurs: plus d'un ne lit jamais
ces curiosités dont il fait collection. Si nous admettons le fait sans
contester, ces curiosités seront-elles moins détestables; leur commerce moins honteux, leur propagation moins illicite? Et ces déten-
teurs de poisons, où plus d'un imprudent trouvera la mort, seront-
ils moins responsables devant les hommes et moins coupables devant
Dieu? Non assurément: mais les amateurs de *curiosités* se font,
sur ce point, une conscience où la vérité ne peut se faire entendre:
la manie, la passion leur bouche les oreilles et nous les trouvons
comme ces sourds obstinés dont parle David: *Sicut aspidis surdæ*
et obturantis aures suas. Mais revenons à Théophile.

dinal de la Rochefoucault, lequel avoit le commandement du Roy d'informer touchant les exécrables
blasphèmes de ce maudit, lesquels lui auroient déjà
causé le bannissement sans la faveur de M. de
Luynes. Non content de m'avoir confié son secret,
il alla trouver le P. Voisin qui prêchoit en même
temps à Saint-Barthelemi. Le Pere fut de même avis
que moi, et comme il n'avoit aucune entrée en la
maison de mon dit Seigneur le cardinal de la Rochefoucault, nous nous présentâmes pour lui faire ce
bon office par l'aveu de nos Supérieurs, qui estoient
le P. Ignace et le P. Binet. Il est à notter qu'au
même tems que nous estions enfermés tous quatre
dans le cabinet de mon dit Seigneur pour prendre
la deposition de ce jeune homme, et que M. le Cardinal eut pris la peine d'écrire lui-même ce qu'il
dictoit, nous fûmes interrompus par M. le cardinal
de Sourdis, qui nous separa, et voyant ce jeune
homme qu'il connoissoit comme ayant esté de ses
domestiques, il fut étonné de le voir en si bonne
compagnie. Nous attendîmes plus d'une heure ;
laquelle M. le cardinal de la Rochefoucault nous
dit lui avoir quasi duré un an, tant il estoit porté
en cette affaire de bon zele, et tant les premiers articles qu'il avoit écrits lui avoient donné dans l'esprit.

Pour revenir donc à nos affaires, il faut remarquer que moi voyant la peine que mon dit Seigneur

le Cardinal avoit d'écrire, je le priai tout simplement qu'il me donnât la plume, et que je le soula-
gerois de ce travail. Il fut bien aise de cet offre, et
j'écrivis dans le même papier la déposition de ce
jeune homme, laquelle estoit plus que diabolique.
Mais ce fut le commandement *(sic)* et le motif de
tous les malheurs suivans. Car ce jeune homme
ayant changé d'avis, selon la legereté de son esprit
et ayant été suborné par MM. de Liancourt et de
la Rocheguyon, en haine du P. Voisin, duquel ils
pretendoient avoir receu quelque offense, il dit
publiquement, et soutint aux commissaires que le
P. Voisin l'avoit trahi, le menant à fausses enseignes
chez M. le cardinal de la Rochefoucault, et que
pour moi j'estois un méchant homme, qui avoit
revelé sa confession, et qu'ainsi ne fut, on trouve-
roit encore entre les papiers de M. le Procureur
General un écrit de ma main, lequel il m'avoit
donné en secret, le papier me fut presenté et enquis
si c'estoit de ma main. Je repondis au vrai ce que
je viens de dire; comment ce jeune homme de son
propre mouvement avoit commencé de dicter à
M. le Cardinal et que pour le soulager, j'avois écris
ensuitte, non pas sa confession, comme il pretendoit
malicieusement, laquelle je n'entendis jamais, mais
bien sa déposition juridique; cette mauvaise langue
fit neantmoins un grand dégât à ma reputation dans

Paris. Car il n'y avoit compagnie d'honneur, ni aucun juge de ceux qui devoient assister au procès de Theophile, qui ne fut abrevé de cette calomnie, laquelle pourtant fut découverte depuis et rabillée par lui-même. Mais ce fut trop tard, car Théophile estoit déjà en liberté.

La seconde fourbe dont ils se servirent fût de diffamer le P. Voisin à l'occasion de Desbarreaux, ce jeune débordé, qui depuis neantmoins a été receu conseiller au Parlement. L'histoire est du tout remarquable. Ce jeune homme de trés bon esprit, fils de M. de la Vallée Desbarreaux, President aux Enquestes, et petit neveu de ce malheureux de la Vallée, que le P. Seguiran assista en Greve, lorsqu'il fut brûlé le propre jour du Jeudy saint, sous Charles neufieme, pour le crime d'atheïsme qu'il professoit publiquement, avait esté autrefois ecolier du P. Voisin à la Flèche et grandement affectionné de lui, jusques à le mettre sur la porte du Noviciat. Etant de retour à Paris, son pere qui estoit tout à fait homme du monde, le mit entre les mains de Theophile, quoiqu'avec la contradiction de sa bonne mere qui estoit une sainte femme, et qui tous les jours comme une sainte Monique pleuroit les debordemens et les debauches de son fils. Ce jeune homme etant donc avec Theophile tous les jours, s'acquit une

trés mauvaise reputation, et lorsque Theophile
fut pris au Chastelet, se sauvant en Angleterre,
aprés l'execution de son phantôme, on trouva
parmi les papiers des lettres latines de Desbarreaux, qui estoient suffisantes de lui faire subir
la même peine que son oncle, si la Cour n'eut eu
égard à sa jeunesse.

Sur la fin du Parlement de l'an 1625, M. de
Liancourt et M. de la Rocheguyon, son frere,
traitans par truchement avec Theophile, qui estoit
en la Tour de Montgomeri, lui faisoient tenir des
paquets et recevoient de ses nouvelles par l'entremise des serviteurs de M. le P. President, dans le
jardin duquel repondoit une haute fenêtre grillée
de ladite Tour, par laquelle ils faisoient écrire à
Theophile des lettres et des avis secrets avec un
rouleau de fisselle. Entre autres avis que leur
donna Theophile fut d'accuser le P. Voisin d'un
crime horrible, qui ne vint jamais en pensée à
personne du monde, qu'à ce diable incarné. Ces
jeunes seigneurs, comme j'ai dit cy-devant, vouloient un mal de mort au P. Voisin, et avoient
dit publiquement qu'ils lui passeroient l'épée au
travers du corps, en quelque lieu qu'ils le trouveroient, furent bien aise de ce conseil. S'en vont
trouver Desbarreaux, comme je l'ai appris de la
propre bouche de M. Procureur general, et ga-

gnerent son esprit, pour dire que le P. Voisin
l'avoit autrefois sollicité de son honneur, et font
courir ces bruits infâmes dans la Cour, voire
comme ils avoient grand accès auprès du Roy, ils
prirent la hardiesse de lui dire ces mauvais con-
tes, ce qui effaroucha si fort son esprit, comme
il estoit grandement ennemi de toutes sortes d'ordures, qu'il dit publiquement à l'occasion de
quelque autre calomnie qu'on lui raportoit du
P. Voisin : *Je sçais bien que le P. Voisin est le*
plus méchant homme de mon Royaume, et c'est
en effect pour dire le vrai, ce qui a touché si
fort l'esprit de ce pauvre Pere, et qui l'a fait
roidir si longtems à vouloir parler au Roy, pour
lui demander justice contre ses calomniateurs.

La troisieme finesse dont ils se servirent, fut de
m'intéresser à l'elargissement de Théophile par la
considération du zèle et de l'honneur de Dieu. Ils
gagnerent M. le Grand et M. de Montmoranci lesquels ils sçavoient avoir de l'autorité et du pouvoir
sur moi. Après m'avoir entretenu de belles paroles,
me deputerent de la part de tous les seigneurs de la
Cour un homme nommé Royer, fils d'un capitaine
de gallerres, grandement passionné pour Théophile, pour me prendre dans un carosse de M. de
Montmoranci et me traisner à Saint-Germain où
estoit le Roy, pour apprendre de sa bouche sa vo-

lonté; pour ce que, disoient-ils, le Roy vouloit me
le confier pour en faire un homme de bien, et repondre de sa conscience, car il estoit resolu, à leur
dire, de changer de vie et de se confesser une fois
l'an pour le moins. Royer me pressoit visiblement,
disant que le carosse m'attendoit à la porte. Je
m'enquis si c'etoit un carosse du Roy, et si c'estoit
par son commandement, qu'il m'appeloit. D'abord
il trancha tout net qne c'estoit un carosse du Roy,
et que le Roy me commandoit d'aller à Saint-Germain. Mais comme il s'aperceut que je m'etonnois
du silence du P. Seguiran en une affaire qu'il ne
pouvoit ignorer, il changea de discours, et me dit
que c'estoit un carosse de M. de Montmorenci, et
que M. le Grand et M. de Montmorenci, M. de
Liancourt et M. de la Rocheguyon m'en prioient
bien fort, et qu'ils sçavoient la volonté du Roy.
J'avois une excuse fort légitime, car je devois ce
jour là precher, qui estoit le jour de saint Laurent,
et je renvoyai l'affaire au lendemain. De ce pas
neantmoins tout chemin faisant, et allant à ma prédication je passai chez M. le Procureur general pour
lui donner avis de toute l'affaire. Ce brave seigneur
connut aussi tost la matte, et me dit que je ne me
misse point en peine, que de ce pas il dépeschoit
un de ses substituts à Saint-Germain pour avertir
le Roy des ruses de M. de Liancourt et de M. de la

Rocheguyon. Et quant à ce Royer que je n'en fisse
ni mise, ni recette, d'autant que c'estoit un homme
couché bien avant dans les registres, et en bien
noirs caracteres. Le substitut fit son raport au
Roy qui en tança MM. de Liancourt et de la Rocheguyon touchant leurs procedures. Mais eux comme
sages desavouerent Royer, lequel s'en prit à moi,
et tâcha de me calomnier à la Cour. Mais grâces à
Dieu ses intentions furent inutiles. En attendant,
Théophile ne perdoit point de temps, et par le
moyen du prince de Portugal, qui estoit en la
prison de Montgommery, ayant libre accez avec un
sien cousin, fils d'un capitaine de Clerac, il écrivit
à MM. de Liancourt et de la Rocheguyon, et rece-
voit librement leurs reponses. Il arriva peu de jours
après l'Assomption de Nostre-Dame que le paquet
de son cousin fut surpris par la diligence du substitut du Procureur general. Celui-ci se trouvant en
belle peine, m'envoya quérir sur l'heure par un page
pour déchiffrer cette missive, qui estoit des plus
longues et des plus embrouillées que je vis jamais.
Il est vrai que je n'entendois pas du tout le mystère, et qu'il falloit un franc gascon pour expliquer
cette enigme. Car c'estoit un homme d'esprit, qui
avoit ecrit à Théophile son cousin tout en proverbes
gascons, dont le premier estoit : *Frem, frem, lou
miou, qui plan se torne, à case torne.* Dabord je

demeurai court, et fut d'avis que M. le Procureur general envoyât querir un de nos frères, vrai et pur Gascon, qui demeuroit au Collége de Clermont, lequel nous expliqua naïvement tout le mystère contenu en cette lettre, qui se raportoit à quatre chefs.

Premierement il encourageoit Theophile par ce proverbe que je viens de dire, disant : *Courage, courage, mon ami, qui bien se deffend revient à sa maison*, et lui portoit des inventions de repondre à ses juges et d'éluder leurs demandes. 2° Il se plaignoit fort de M. le Duc de Montmorenci et de Madame, lesquels depuis leur arrivée dans Paris avoient montré un grand refroidissement. 3° Il se plaignoit du P. Voisin et de moi, disant que nous avions suborné des temoins et revelé des confessions pour solliciter sa condemnation, et par conséquent l'avisoit à se tenir sur ses gardes aux interrogations de Messieurs les commissaires, et nommement de M. Deslandes son Raporteur, duquel il disoit que je disposois absolument. 4° Il interessoit une Dame de qualité ; ce qui fut cause que sa lettre ne fut point produite au Parlement, pour ce qu'elle tailloit bien avant dans le bois, et donnoit certaine connoissance d'un des premiers du Parlement, qui pour l'amour de cette Dame, faisoit son fait propre de l'affaire de Theophile.

Tant y a que les brigues furent si fortes, que le
propre jour de saint Augustin de l'an 1625, après
une contestation merveilleuse de quatre seances
toutes entieres, l'arrest fut prononcé en faveur de
Theophile, dont M. Deslandes, le raporteur, et
M. Pinon son ajoint, qui sont reconnus pour estre
des saints du monde, et des juges de l'antique probité, conceurent un si grand deplaisir qu'ils en furent
malades à la mort. Ainsi le premier jour de septembre, en vertu de l'arrest, il fut elargi de la tour de
Montgommeri. Et après avoir roulé un an tout entier en débauches horribles, mourut comme une
bête, le 25ᵉ jour de septembre 1626, dans l'hôtel
de Montmoranci, après avoir traduit en risée les
exhortations qu'on lui faisoit pour l'amandement de
sa vie. Car telles furent les paroles que m'en écrivit
M. (le curé) de Saint-Nicolas, du 25 septembre
1626. *Theophilus, ut vixit, ita mortuus est sine
sensu Religionis et pietatis*, de façon qu'il y eut
bien de la contestation touchant sa sepulture, et
n'eut été l'autorité de M. de Montmorenci, jamais
M. de Saint-Nicolas n'eut permis qu'on l'eut ense-
veli dans son cimetiere, dont m'ecrivant, il se con-
soloit avec moi de ce que Rabelais, qui ne valoit
guere mieux que Theophile, fut enterré dans la nef
de Saint-Paul. Il est à remarquer que Ferrier, le
feu ministre de Nismes, qui ne valut jamais moins,

C.   5

quand il estoit ministre, mourut deux heures après
Theophile; dont le bruit commun de Paris, estoit
que les deux grands atheïstes et les deux grands
ennemis des Jesuites avoient esté enlevés en une
mesme journée. Car il n'est pas croyable quel degat
ce malheureux Ferrier avoit fait à la réputation de
nòtre Compagnie, et quelles mechantes maximes il
faisoit glisser dans l'esprit des jeunes gens, d'où
c'est que ceux qui gouvernoient alors, ayant reconnu
la malice de cet esprit, s'en servirent comme d'un
organe pour combattre le Saint-Siége et nostre
Compagnie, et de fait c'est celui là qu'on jugea propre pour repondre à ce livre pernicieux et intitulé :
Admonitio ad Regem, comme nous verrons cy-
après. Au même tems, mourut aussi le malheureux
Molieres, grand ami de Theophile, qui estoit à vrai
dire un vrai diable incarné, tant il avançoit de
propositions terribles contre la sacrée humanité de
Jesus-Christ. Ce jeune homme fut trouvé mort dans
son lit, poignardé par un sien ami, sans avoir eu un
seul moment pour se reconnoistre.

◊ X.

Je reviens au fil de nostre histoire, pour dire que
le propre jour de saint Augustin, auquel l'arrest de
l'elargissement et du bannissement de Theophile

Viau fut prononcé, celui du P. Voisin fut aussi
minutté par nos ennemis qui gaignerent l'esprit du
Roy de façon qu'au même instant, que dans la Cour
on prononça l'arrest que Theophile Viau seroit banni
du royaume de France, le R. P. Cotton receut une
lettre de M. le Chancelier, qui portoit ces paroles :
Mon Pere, je vous écris par le commandement du
Roy, à ce que vous ayez, la presente vuë, sans
delai et sans replique, à renvoyer le P. Voisin
hors du royaume de France. C'estoit sur le tard
de la journée, que je venois de prècher aux Augustins de la Reine-Marguerite, et le P. Cotton scachant que je disposois aucunement de l'esprit du
P. Voisin, m'appelle tout aussi tost pour me communiquer la lettre, et à me commander de lui
adoucir la pilule, le mieux qu'il me seroit possible.
C'estoit sur la fin de l'an du Jubilé, et il fut avisé
sagement qu'il seroit prié d'aller faire un voyage
jusques à Rome pour son contentement. Il est vrai
qu'il devoit prècher les Avens de la même année
dans l'Eglise de Saint-Paul, et que là-dessus il cuida
rompre, trouvant une accroche, et se doutant qu'il
y avoit quelque sous-entendu : on combattit son
esprit jusques au troisieme jour de septembre, auquel le R. P. Ignace, député-procureur de la Province de France, pour la Congrégation de l'an
1625, desirant passer à Fontainebleau pour saluer

le Roy, dit publiquement qu'il ne partiroit point qu'il n'eut veu le P. Voisin à cheval. Cette parole qui lui fut raportée par quelqu'un, lui donna un étrange martel en teste, et lui fit connoistre que nos prieres n'estoient que des deguisemens de la volonté du Roi, de façon qu'on fut contraint de lui découvrir le secret de l'affaire sur le point de son départ, ce qui cuida causer du desordre, car il l'appréhendoit vivement, et fut même sur le point de s'aller jeter aux pieds du Roy pour lui demander justice contre les calomnies de ses ennemis; pour ce que déjà il avoit appris cette parole du Roy, que nous avons cottée cy-devant : *Je scais de bonne part que le R. P. Voisin est le plus méchant homme de mon Royaume.* Il resolut néantmoins d'obéir au commandement du Roy et à la semonce de nos Peres et partit pour Rome le 4 septembre de l'an 1625, accompagné de M. Machaud, qui devoit aller étudier en Theologie. Et les principaux amis de Theophile Viau, qui sont Vallaux, Desbarreaux, Saint-Remy, les allerent surprendre sur le chemin de Lyon, sous pretexte d'un voyage vers la Limagne d'Auvergne. Ils l'attendoient dans un logis, sur le grand chemin auquel il devoit nécessairement passer, et le Pere estant arrivé, ils lui firent mille caresses d'abord et des protestations étranges d'une amitié sincere et, sur leur depart, lui persuaderent par leurs cajoleries d'entrer dans leur carosse, donnant son cheval et celui de M. Machaud, son compagnon, à deux laquais pour les mener doucement; auxquels neantmoins ils avoient donné le mot de courir devant à toute bride. Quand ils tindrent le Pere dans le carosse, ils lui firent mille indignités, jusques à le souffleter et lui tirer la barbe et lui donner des coups d'éperons dans le ventre, ce qu'il endura patiemment sans leur repondre une seule parole. M. Machaud, neantmoins leur donna une verte réprimande, et levant la portiere se lança du carosse, et fit si bien qu'il tira le Pere de leurs mains, parce que le carossier même estoit honteux des indignitez que l'on commettoit en sa personne. Après tous ces outrages, ils furent contraints de courir à pied plus d'une lieue pour ravoir leurs chevaux et leurs hardes.

§ XI.

Le diable qui ménage soigneusement toutes les occasions de mal faire, fit paroître au même tems un libelle diffamatoire contre le Roy et contre son conseil, y taxant nommement M. le Cardinal de Richelieu, lequel il prenoit à partie, et le titre du livre estoit : *Admonitio ad Regem Christianissimum authore JJ. Theologo, cum facultate Theo-*

logici Magistratus. Nos plus ardens ennemis, quoiqu'ils ne fussent pas les plus puissans, du Moustier, Raphan, Vateran, de Villiers, la Femas et Favereau, publierent partout que c'estoit un Jesuite. Les uns l'attribuoient au P. Eudemon Joannes, et on ouit une fois de la bouche du Roy que c'estoit la chauve-souris de M. le Legat, qui estoit venu en France jetter cet avorton. D'autres le donnent au P. Scribani. Mais le bruit ordinaire de nos ennemis estoit, que j'en estois l'auteur, de façon que je m'entendois souvent saluer par la ville, avec ces paroles : *Admonitio ad Regem.* Du Moustier, lequel le P. Cotton croyoit estre possédé du diable, esprit enragé contre nôtre Compagnie, s'en alloit parcourir toutes les boutiques des libraires de la rue Saint-Jaques, et demandant a haute voix, *si on n'avoit pas l'admonition du P. Garassus contre le Roi?* Ranphan d'autre costé, qui estoit domestique d'un grand Prelat et chanoine de Saint-Germain-l'Auxerrois, fit un sanglant libelle contre nôtre Compagnie et nommement contre moi, me disant auteur de ce malheureux livre, lequel fut brulé par le lieutenant civil; et commission donnée par M. le Cardinal de Richelieu au sieur du Ferrier, duquel j'ai parlé cy-devant, de repondre à ces propositions scandaleuses. Ferrier le fit assés platement et fort malicieusement, parce qu'en plusieurs endroits il

picquottoit ouvertement nôtre Compagnie, et moi
nommement, comme si j'eusse été l'auteur de ce
libelle. Ce que M. Pelletier bon ami de nostre Compagnie ne pouvant supporter, fit une appollogie
pour nôtre innocence, laquelle parut dans une trés
mauvaise saison, et quoiqu'il fit paroitre son nom
à la face, le bruit commun, fomenté par nos ennemis, estoit que le P. Cotton lui avoit presté sa plume.
Au lieu donc de nous faire du bien, elle cuida
perdre toutes nos affaires, d'autant que le Recteur
de l'Université, personnage endiablé contre nous,
comme nous verrons cy-après, prit de là occasion
d'invectiver plus cruellement que devant; voire
même il entreprit, avec M. Servin, de repondre à
l'apologie de M. Pelletier, laquelle ils appelloient
l'*Apologie du frere Pierre*, et nous accuserent
attrocement de plusieurs crimes enormes : il ne se
passait aucun jour, que nous n'eussions quelque
nouvelle atteinte, tantost aux Maturins qui est le
lieu des assemblées de l'Université, tantost dans le
Conseil, tantost dans le Louvre. Car il s'alloit jetter
aux pieds du Roy avec toute sa suitte, nous denon-
çant comme des criminels de leze-majesté, auteurs
de l'Admonition, et ennemis de son Etat. Il fit
bien pis, car l'Admonition étant bruslée par la main
du bourreau, et deffenses faites de la lire sous
peine de crime de leze-majesté, il en fit un extrait

arrachant les plus venimeuses propositions et les fit
imprimer sous ce titre : *Capita Doctrinæ Jesuiticæ
collecta et edita de mandato illustrissimi domini
Rectoris*. Et pour faire le volume plus gros et plus
odieux, il prit la peine de lever des registres de
Paris, de Rouen et de Dijon, tous les arrests qui
avoient esté prononcés contre nous au nombre de
64, depuis l'etablissement de nostre Compagnie en
France, compila tout ce qui est de plus attroce,
et le faisant imprimer aux dépens de l'Université.
Le R. P. Seguiran averti de cette animosité si san-
glante et si prejudiciable à la sacrée personne du
Roy, remontra à Sa Majesté l'iniquité du Recteur,
lequel avoit fait imprimer les propositions de l'Admonition, les tirant des cendres de leur embrase-
ment et les publiant au prejudice de nostre innocence, voire avec danger evident de sa personne.
Le Roy montra de l'indignation, et commanda à
M. le Chancelier d'en faire justice. Il en écrivit au
Lieutenant civil et lui recommanda l'affaire, comme
trés importante au service de Sa Majesté. Le Lieutenant civil trés intime du Recteur, et par conséquent fort peu favorable à nostre Compagnie se
contenta d'en faire une reprimande à l'imprimeur.
Quelques-uns de nos Peres voyant que la tempeste
croissoit a vuë d'œil, trouverent bon de faire un
desaveu public de ce méchant livre, de façon que

le 1ᵉʳ jour des Avents, les Peres qui prechoient aux
plus celebres Eglises, resolurent d'en parler puissamment et avec uniformité de paroles, affin qu'on
pût voir que nous le faisions par dessein. Nous
n'étions que trois predicateurs des Advents, et celui
de nostre Eglise. Nous les fimes donc tous quatre
quasi en mêmes termes. Le R. P. Cotton à Saint-
Paul, le R. P. Suffren à Saint-Gervais, moi à Saint-
Merri et le R. P. Caussin à nostre Eglise. Ce des-
aveu neantmoins ne nous servit de rien. Car le
Recteur prit de là occasion de nous calomnier derechef et de dire publiquement que nous n'avions
garde d'ecrire ou d'imprimer nos sentimens, mais
que nous nous contentions de les declarer de vive
voix, laquelle est sujette a desaveu.

§ XII.

Les prédicateurs des Avents addoucirent aucunement les esprits, et nous en eûmes quelques
treves de nos autres ennemis, excepté le Recteur
de l'Université, qui de jour en jour faisoit imprimer
des libelles nouveaux, nous accusant de crimes en
partie horribles, tels que sont les meurtres de nos
Roys, en partie ridicules, tels que sont les contracts
de Canada touchant les castors, et le bois flotté du
Morvan, qui vient à Paris par la rivière de Marne.

Nos Peres par conseil trouverent bon de presenter
une requeste à Messieurs de Sorbonne, à ce qu'il
leur plût imposer silence au Recteur, si faire se
pouvoit. La requeste fut dressée par un de nos
Peres et presentée au syndic de Sorbonne, lequel
l'ayant communiquée à trois ou quatre des plus
gens de bien de leur corps, nous dit en ami, de leur
part qu'elle estoit trés juste et trés bien fondée,
mais qu'elle ne serviroit de rien que pour effarou-
cher l'esprit de cet homme, lequel on connaissoit
estre enragé contre nostre Compagnie et supporté
assûrement, nous dit M. Duval, par quelque puissant ennemi; et en effect nous découvrimes qu'il
servoit d'instrument à M. Servin et à un President
de la Cour qui ne se nomme point. Le Recteur
ayant eu le vent de nostre dessein, et de la requeste
que nous avions presentée en Sorbonne, invectiva
cruellement contre nous et tâcha de montrer en sa
harangue que la Sorbonne n'avoit aucun droit de
correction sur lui, mais qu'au contraire c'estoit lui
qui avoit du pouvoir sur la Sorbonne pour la con-
voquer quand bon lui semble.

Et pour ce que, de cette Requeste, on peut apprendre fidèllement le tissu de toutes les calomnies
de ce malheureux homme, la voici toute telle que
nous la représentâmes à M. Duval et à M. de Saint-
Nicolas, nos bons amis. Mais parce que la connois-

sance du personnage est importante, il faut supposer que le Recteur est un homme de néant,
nommé Tarin, à demi geant, qui porte un visage
de Ciclope et une voix de taureau, par laquelle il
tonnoit contre nous effroyablement; il est de fort
bas lieu, fils d'un meunier de Rochefort en Anjou,
comme je l'ai appris sur les lieux mesmes, lequel
sur le commencement du college de la Flèche s'y
en vint en fort pauvre equipage tout pieds nuds,
comme m'a dit le P. Chastelier, n'ayant autre chose
qu'une chemise sur l'épaule et un bissac plein de
noix et de pieces de pain. Il fut par compassion mis
entre les ballieurs des classes du Collége; de là il
fut marmiton des Pensionnaires, et puis laquais de
M. Baraut, à présent Evêque de Bazas, qui lui
donna le moyen et le loisir de se pousser aux études.
Cet homme ayant roulé par les classes de la Flèche,
s'en vint à Paris, où il s'accosta malheureusement
d'un apostat de nostre Compagnie, qui lui donna
l'entrée chez M. Servin, lequel, voyant en lui un
esprit indomptable, le poussa dans l'Université, de
façon qu'après avoir enseigné la Grammaire dans
le College de Harcourt, longues années, il trouva
moyen de se faire elire Recteur de l'Université. Et
pour ce que la charge n'est que trimestre; il fut
continué un an et demi, contre les Loix, *pro re gesta
feliciter contra Jesuitas ;* car ce furent les termes

que M. le Procureur General me rapporta, les
ayant appris de M. Servin. Ces choses ainsi dites,
je reviens à la Remontrance.

Trés humbles Remontrances de nos Peres de la
Compagnie de Jesus, à Messieurs de Sorbonne,
touchant l'injuste procédé de M. le Recteur.

MESSIEURS,

L'honneur que nous avons de faire une partie de
vos Disciples en la personne de nos Peres, et les
obligations éternelles qui nous attachent à vostre
fameux et docte College, nous fait esperer du support
de vostre part, contre les invasions de M. le Recteur, lequel abusant de son autorité, et outrepas-
sant les commissions de sa charge, se passionne
excessivement contre nôtre Ordre, et fait tous ses
efforts à nous sacrifier à l'opprobre du monde. Ce n'est
pas depuis peu, que les Princes de la Chrétienté et
les Republiques entieres ont demandé vos avis et
vôtre protection en leurs nécessités. Ce n'est pas
depuis un siecle que vous estes appellés le bras
droit de la vérité, vous le serez aussi s'il vous plaist
de l'innocence, et d'une Compagnie injustement
persecutée, qui se retire à vostre autorité, et désire
avoir de l'éclaircissement par vos sages avis en une

affaire d'importance. Car vous scavés et enseignés,
qu'il ne peut y avoir rien de plus important que de
retrancher le cours de l'iniquité et d'empêcher que
Dieu ne soit offensé par les hommes. Or nous, qui
avons quelque peu de pratique dans la Theologie,
ne pouvons comprendre comment il se peut faire
que M. le Recteur puisse estre sans conscience, après
de si atroces injures et de si violentes poursuittes,
que celles qui vous seront déclarées par cette humble remontrance. Certes, il faut que nous soyons,
ou plus abandonnés en malice que les anthropopha-
ges, ou que M. le Recteur ait secoué les remords
de la Synderese, et étouffé la lumiere de la raison
jusques à la derniere bluëtte : c'est ce dilemme duquel nous vous faisons juges, s'il vous plaist, affin
que vous connoissiés si notre vie, nos mœurs, nos
prédications, nos lectures, nos escrits et nos dépor-
tements sont tels et si détestables que cet homme
s'efforce de persuader à son esprit et à ceux des
autres ; et nous soyons par vôtre censure, déclarés
tels qu'il s'imagine, ou si d'autre part vous decou-
vrés l'aigreur insurmontable de son esprit, il vous
plaise par vôtre sagesse accoutumée, adoucir si faire
se peut, l'apreté de ses mœurs farouches, et lui faire
connoitre qu'il est en trés mauvais état devant Dieu
et devant les Anges, causant tous les jours plus
d'offenses mortelles, qu'il ne fera peut-estre d'ac-

tions méritoires dans le cours de sa vie. En conscience, nous plaignons cet aveuglement volontaire,
et imputons à quelques secrets jugemens de Dieu,
cette inondation furieuse de calomnies qui vont,
nous couvrant depuis un an, jusques par-dessus la
teste, et dont il a plû à M. le Recteur de se rendre
le Promoteur à toutes les occasions qu'il a pû
pratiquer pour nous nuire.

S'il avoit à décrier quelque reste des Vaudois et
quelque branche du Mahumetisme, je ne scais de
quel fiel il pouroit tirer plus d'amertume, ni de
quel fossé il pouroit tirer plus d'ordures que celles
qu'il jette à pleines mains sur nostre visage. Quand
les heretiques nous ont couverts d'outrages nous
n'avons point sentis d'emotions, et nous avons dit
pour toute apologie, qu'ils faisoient leurs metiers,
et qu'ils sont gagés pour ce faire ; et nous eussions
demandés reparations d'honneur, s'ils se fussent tant
oubliés que de louer nos actions. Mais quand la
malice de nos ennemis a eu le pouvoir de suborner
et gagner l'esprit d'un officier si considerable, eleu
et confirmé après la Messe du Saint-Esprit, nous
avons profondement gemi et fait comme le grand
saint Hylaire accusant la malice du siecle, qui n'e-
pargne pas même la sainteté des autels pour abuser
plus impunement de son autorité. Vous donc,
Messieurs, qui étes personnes trés considerables

dans le public, ne nous refusez pas la faveur que
vous octroyez à tout le monde, et l'eclaircissement
de ce cas de conscience que nous vous proposons
avec tous les respects que vous doivent de trés
humbles Religieux : sçavoir si M. le Recteur n'offense point Dieu mortellement, en nous persecutant
comme il fait, et si nous ne sommes pas fondez en
raison, de demander contre lui reparation d'honneur, ou à tout le moins de nous plaindre à la postérité de l'injustice de nôtre siecle. Nous vous
proposerons le contenu de l'affaire avec la plus
grande simplicité qui nous sera possible, sans nous
éloigner d'aucun fait veritable.

Il y a plus d'un an que M. de Tournon ayant
obtenu du Roy des lettres patentes pour faire donner les degrez de docteur dans son College, affin de
le retablir en cette ancienne reputation qu'il avoit
jadis; l'Université de Valence, qui pensoit avoir
interest en cette affaire, forma ses oppositions ausquelles nous ne trouvâmes rien à redire, parce qu'il
est permis à chacun de soutenir ses droits; et d'effect
M. Froment, Docteur Regent en cette Université,
députépour ces fins, estoit venu en cette ville contre
nous sans aigreur d'esprit, proposant paisiblement
ses raisons, non telles qu'il a plû à M. le Recteur
de les faire imprimer depuis, mais dans les termes
de la modestie; ils trouverent bon de susciter toutes

les Universités et de les faire joindre à la cause, ce
que nous n'avons point improuvé, bien que quel-
ques-unes de leurs oppositions ayant passées par
les mains de M. le Recteur semblent avoir plus
d'apreté que de raison. Nous acquiesçames au Conseil du Roy et à celui de nos amis, priant M. de
Tournon, qu'il lui plût arrester le cours de ses pour-
suites. Nous estions hors de procez et pensions
avoir terminé l'affaire au gré des Universités, quand
M. le Recteur jugea qu'il ne devoit contenter ses
passions que par ses déclamations et invectives ordinaires, ausquelles neantmoins nous n'avons fait
aucune reponse que celle de l'orateur Hypodro-
mus, lequel se voyant chargé d'invectives injurieuses devant l'Areopoge fit une belle oraison à la
louange du silence, disant que la taciturnité estoit
une vertu signalée. Incontinent après, M. le Recteur prenant son avantage de nôtre condescendance
et modestie, ramassa toutes les pieces qu'il pensoit
nous pouvoir fletrir depuis l'an 1575 jusques à
maintenant, et il fit imprimer à ses depens cette
compilation à laquelle il donna ce titre, autant spe-
cieux que mensonger : *Bulles des Papes, Edits des
Rois, Arrests des Parlemens, Reponses des Sages,
Decrets des Universités contre les Jesuites*, ajou-
tant à chaque page des apostilles odieuses, qui
estoient de son esprit et animosité. Il estoit ques-

tion du college de Tournon et des degrez du doctorat; quelle communauté pouvoit donc avoir cette
affaire avec les oppositions de feu M. de Bellay,
Evêque de Paris, et avec les requestes des cantons
des Suisses, pour nostre bannissement, qui avoient
été faites plus de 50 ans auparavant? Quelle affinité
y avoit il entre la demande de M. de Tournon et les
calomnies du Pays-Bas, et les Bulles de la confir-
mation de nôtre Compagnie, qui ne parlent ni de
Tournon, ni de Doctorat, ni d'Université quelconque?

Messieurs, comme il n'y a corps au monde si bien
reglé qu'il n'ait ses contrepoids, ni communauté si
bien faitte qu'elle n'aie ses incommodités à souffrir,
proposez-vous, s'il vous plaist, qu'en la famille de
saint François, il y ait un couvent dans la Basse-
Bretagne, qui ait obtenu quelque privilege, lequel
semble interesser, ou contrevenir aux droits pre-
tendus de quelque Université particuliere, seroit ce
pas un mensonge insuportable, si quelqu'un des
ennemis de saint François faisoit un factum, qui
portât pour titre : *Bulles des Papes, Decrets des
Universités, Resolutions des Jurisconsultes contre
tous les Religieux de Saint-François?* Ne seroit-ce
pas une injustice notable contre tout l'ordre de
Saint-Dominique, si quelque religieux particulier
demandant ses degrez en Sorbonne, M. le Recteur

C.   6

s'y opposoit par Bulles, par Arrests, par Edits, par
reponses et decrets des Universités, mettant au
jour les vieilles calomnies de Mᵉ Pierre de Cugnie-
res, et l'acte du bedeau Guillot, qui tira effronte-
ment Saint Thomas de la chaire de verité? Quand
la passion se deborde, elle ne manque pas seulement dans la violence, mais elle charie ses ordures
jusques dans le jugement, et rend un homme ridicule.

M. le Recteur a bien fait pis, car ayant trouvé
nos Constitutions, il nous fait cette faveur de les
enrichir de ses commentaires, imprimés à la marge
de sa rapsodie, de même façon que si un praticien
du Palais entreprenoit de faire des commentaires
sur le Maistre des sentences, ou sur les ouvrages
d'Hypocrate. Il est arrivé le même à M. le Recteur
qu'il echeut aux peintres de la Chine, lorsque nos
premiers Peres mirent le pied dans ce royaume pour
y planter l'Evangille. Car le Roy ne les pouvant
pas voir en personne suivant les Lois fondamentales du royaume, désira avoir leur portrait et les fit
peindre, si à la malheure qu'ils ne se connoissoient
pas eux-mèmes. Ainsi au fait de nos Constitutions,
nous pouvons dire, qu'il les a si bien deguisées et
en a fait un portrait si ridicule, que nôtre Institut
ne s'y connoit pas soi même, ainsi que vous pourés
connoitre par les exemples suivans.

Il est écrit dans nos Constitutions, que les supérieurs ordinaires des lieux et les Provinciaux en-
voyeront à certaines saisons au General, le jugement
qu'ils font des Ecoliers, dans lequel ils specifieront
nommement leur santé, leur force, leur prudence
aux affaires et leur capacité au gouvernement.
M. le Recteur a esté si simple de dire que ce commandement estoit pour les Ecoliers externes qui
fréquentent nos classes, à faute de sçavoir que dans
nostre Compagnie et dans nos Constitutions nous
appellons : Ecoliers approuvés, ceux qui n'ont pas
fait le vœu solemnel. Là-dessus donc M. le Recteur
déclame puissamment et dit de fort belles paroles
touchant l'ambition pretendüe de nos Generaux
qui veulent sçavoir, à son dire, la capacité de tous
les Ecoliers pour le gouvernement de l'Etat et des
Republiques, affin de regenter imperieusement tout
le monde. Nous le prions de rentrer en soi-même
et de voir l'excès de sa simplicité. Car quel jugement
peut-on asseoir sur des enfants d'une cinquieme
et d'une quatrieme Classe pour le gouvernement
des Etats et des Republiques ? Et puis quand cela
se pouroit faire, il faudroit estimer que nos Generaux ont bien du tems à perdre, de se charger la
mémoire touchant la santé, les forces, la prudence
au gouvernement de deux millions d'enfants que
nous avons en tous les colléges de l'Europe. A quoi

faire cette connoissance dans nos Archives ? M. le
Recteur croit-il que quand il balioit les Classes de
la Flèche et trainoit les livres de son maître dans
une cinquieme, on ait fait si grand etat de sa santé,
de son jugement, de sa prudence au gouvernement,
qu'on ait daigné lui faire passer les Alpes pour en
informer nostre General, qui ne sceut jamais s'il
estoit en nature, si ce n'est peut-estre par les persecutions qu'il nous pratique maintenant. Il doit
donc sçavoir que quand nos Constitutions commandent aux Supérieurs immédiats d'informer le
General, touchant les qualités de nos Ecoliers et
leur capacité pour le gouvernement, cette ordonnance s'entend de nos Religieux Ecoliers, non encore gradués, desquels on doit avec le tems prendre
les Recteurs et les Provinciaux pour vaquer au gouvernement, et non pas les enfants d'une cinquieme
et sixieme, comme il s'est imaginé à la bonne simplicité. De cette même nature est l'ignorance de
M. le Recteur en la page 31 de son factum. Car
nos Constitutions ayant ordonné en la partie quatrieme que le General aura sous soi un Syndic
general, et que les Provinciaux et les Recteurs
auront aussi les Procureurs ou Syndics, et que tous
ensemble aviseront le General de tout ce qui se
passe d'importance aux Provinces, Colleges et Maisons par lettres expresses et cachettées, en sorte

qu'ils ne voyent pas mutuellement ce qu'ils écrivent,
M. le Recteur, par je ne sçais quel étourdissement
d'esprit, a pris cette ordonnance touchant les enfans de la cinquieme et sixieme Classe, comme si
nous estions obligés d'avoir des Syndics generaux
ou des Procureurs des Nations, qui informent nostre
General, touchant les déportemens de nos Ecoliers,
et par conséquent, comme nous avons quantité
d'Ecoliers, en nos Colleges, il faudroit que nostre
General fut un grand auditeur des comptes, et eut
des oreilles à revendre pour vaquer à l'audition de
tant d'impertinences (sic). En somme, pour ne
faire un denombrement enuieux de toutes ses sim-
plicités, vous pourés connoître sa suffisance, de
ses commentaires sur nos Constitutions, par l'exemple qui suit.

Nous avons dans Paris et dans nos principaux
Colleges des Officiers que nous appellons *Correcteurs* ou *Presidens*, à faute de meilleur titre, qui
sont qualifiez dans nos Constitutions : *Ministri circa
punitionem Scholasticorum voluntatem Rectoris
universitatis exequentur*, et là-dessus il s'écrie
pour nous rendre odieux, qu'il n'appartient qu'au
Roy de nommer et de choisir des Juges pour les
châtimens des mechans, et encore ne leur dit-il
qu'ils executent la volonté d'autrui, mais qu'ils
suivent les Loix. Au dire donc de M. le Recteur,

les offices des Correcteurs et Gardes-Vergers des
Colleges de Paris sont à la nommination du Roy,
sujette à la paulette et au droit annuel, resignables
comme les offices de Presidens et Conseillers, et il
appartiendra au Roi, privativement à tout autre,
d'ordonner touchant le compte des coups de verges
que les Ecoliers délinquants doivent avoir en puni-
tion de leurs fautes. De tels et semblables exemples,
il vous plaira conclure, touchant la capacité de
M. le Recteur au fait de nos Constitutions.

Il est vrai que nous pensions estre à bout de la
fusée, et mettions nos esperances sur l'enrouement
de cet homme, comme Baro, dans Seneque, sur celui
de Gorgonius le sophiste. Car nous disions comme
lui : Quand M. le Recteur aura assés crié, enfin il
s'enrouera et sera forcé de se taire. Mais il nous est
arrivé comme à Baro, lequel voyant que Gorgonius
ne se lassoit point de crier, enfin pour toutes reponses dit en pleine audiance : *Iste homo centum
taurorum vocem habet.* Car M. le Recteur qui a le
corps et l'organe puissans, ne s'est pas pû lasser
jusques à maintenant, quelques invectives qu'il ait
faites contre nous, dans l'audiance du Conseil et
dans la salle des Mathurins, d'où il est sorti enroüé,
mais non pas las. Quelques-uns de vous, Messieurs,
ont ouï une partie de ses declamations injurieuses,
et sçavons de bonne part que vous ne les avés pas

approuvées, et que feu M. de Gamaches, l'ornement
de votre College, à la nouvelle qui lui en fut apportée,
dit avec des paroles interrompuës de sanglots que
jamais il n'avoit sceu goûter ces mauvaises intelli-
gences et ces diffamations qui se font, ou par écrit,
ou par paroles de tout un Ordre Religieux, qui ne
peut être que profitable à l'Eglise, estant institué
par le Saint-Esprit et confirmé par le Saint-Siege.

M. le Recteur, donc est entré cette année aussi
frais que devant, en la même lice qu'il avoit par-
couruë, et s'est remis dans la même posture, avec
quelque renforcement d'outrages, et a fait nommement deux choses contre nous, fort considerables. Premierement, ayant pris la peine de faire
visiter les registres des principaux Parlemens de
France, il a dressé une liste de procès que nous
avions perdus depuis nôtre entrée dans le royaume
jusques au nombre de soixante-quatre, qui ne font,
non plus à la cause de Tournon et des Universités,
qu'au saccagement de la ville de Troyes. En cette
compilation, ce qui charge nostre nom d'une trés
injuste calomnie, et la conscience de M. le Recteur
d'un péché trés enorme, c'est ce que je dirai.

Du costé d'Allemagne, on vit sortir un livre abominable contre le Roy, portant pour titre : *Admonitio ad Regem*. Le Roi, qui a sçeu le vrai auteur
de ce libelle diffamatoire, nous a fait enfin cette

faveur de dire en presence de plusieurs seigneurs
qu'il sçavoit que ce n'estoit pas un Jesuite. Mgr le
Cardinal de Richelieu et Mgr le Nonce nous ont
fait l'honneur de deposer le même, et de dire publiquement que l'auteur de cet avorton ne fut jamais
un Jesuite, ni bon ami des Jesuites. Le P. Scribani,
sur lequel on jettoit les yeux s'en est purgé par
lettres expresses. Le P. Eudemon Joannes qui avoit
esté soupçonné par nos ennemis a esté dechargé par
la bouche de nos Seigneurs les Cardinaux et Conseillers d'Etat, scachant bien que ce n'est aucun
ecrivain de nostre Compagnie. Nous avons par nos
predications publiques de ces Avents, des-avoué cet
écrit détestable dans les chaires de Saint-Paul, de
Saint-Gervais et de Saint-Mery, dix mille personnes
en peuvent deposer, et neantmoins M. le Recteur
contre toute justice, contre la charité chretienne,
contre la verité notoire, a suborné plusieurs personnes pour visiter et parcourir les boutiques des
libraires; et l'espace d'un mois, la rue Saint-Jacques
ne retentit d'autre voix que de cette demande, *si on
n'avoit point ce livre composé par un Jesuite contre le Roy !* Non content de cette recherche odieuse
il a fait un recueil de cet ecrit, après que par le
commandement du Roy il avoit esté lasceré et bruslé
par la main du bourreau, et ramassant les plus
venimeuses propositions il les a fait imprimer dans

le mesme volume, qui porte la compilation de nos
arrests pour imprimer dans l'esprit foible des lecteurs une trés pernicieuse et trés fausse créance,
que nous soyons auteurs de ce livre execrable, en
quoi permettés nous, Messieurs, de vous dire qu'il
est echeu aux rapsodies de M. le Recteur, ce qui
arriva jadis aux deux premiers livres d'Homere. Car
l'ignorance des bonnes lettres, ayant diffamé les
travaux de cet homme, leur avoit fait porter pour
titre ces paroles ridicules : *Homeri pars hodiæ*, au
lieu qu'il falloit dire par transposition de lettres :
Homeri Rapsodiæ. Nous avons éprouvé le même
aux rapsodies et compilations de M. le Recteur. Car
ayant recueilli 64 arrests contre nostre Compagnie,
avec promesse de compiler au premier jour : *Capita
Doctrinæ Jesuiticæ*, voyant la premiere partie,
nous nous écriames que c'estoit lui : *Rectoris pars
hodie*, et que l'autre viendroit à la suitte, quand
il plairoit à M. le Recteur. Il est vrai que pour l'une
et l'autre rapsodie, il a reçeu une bonne reprimande
de M. le lieutenant civil, par commandement trés
exprés de Sa Majesté. Neantmoins, soit qu'il y ait
de la collusion, ce que nous ne voulons pas croire,
soit que la malice de cet esprit soit insurmontable,
il n'a pas laissé de publier ses rapsodies, et les dis-
tribuer gratuitement, voyant que personne n'en
daignoit achetter. Il n'y a Prelat de l'assemblée, ni

President, ni Conseillers des quatre Cours souveraines de Paris qui n'en ait eu, ou de la main, ou
au nom de M. le Recteur. Il est vrai que jusques à
maintenant le fruit de ses travaux s'est reduit à la
depense de 4 ou 500 francs qu'il a perdu en l'impression de ses rapsodies, et saint Augustin lui pouroit dire : *Lucrum in arca, damnum in conscientia.*
Le gain est dans la bourse de Durand son imprimeur, et la perte en sa conscience.

La deuxième chose qu'il a faitte cette année pour
nous donner nos bonnes etrennes, c'est que M. Pelletier ayant de son bon gré entrepris la deffense de
nos droits contre nos ennemis, il a plû à M. le Recteur d'examiner son apologie et faire des notes sur
chaque page, l'attribuant au R. P. Cotton connu
d'un chacun de vous pour ses merites, et l'appellant à chaque page *frere Pierre,* comme par dedain,
nous esperons qu'il a epanché là dedans le reste
de ses humeurs noires, et jugeons qu'il est expedient de vous representer certains articles, qui sont
comme les chefs-d'œuvres de son injustice contre
nous. Il dit au titre du livre et en la page 36, qu'il
a fait les notes, de la part de toutes les Universitez
de France, ce qui ne peut estre, tant à cause qu'il
n'a pû recevoir la procuration des Universités eloi-
gnées, depuis la publication du livre de M. Pelletier,
comme parce qu'il seroit des-avoüé trés assurement

de toutes les Universités de France au titre dont il qualifie les principaux de nostre Compagnie. Car il parle en des termes si mechaniques et si meprisables, qu'il n'y a docteur dans Université du monde qui ne lui donnat son des-aveu. Car pour ne dire mot de celui qu'il nomme si dedaigneusement Frère François en 5 ou 6 pages de ses rapsodies, qui ne s'en est point formalisé, certes, voyant que les RR. PP. Cotton, Seguiran, Arnoux et Suffren, qui ont porté la connoissance de leur merites jusques au bout du monde, sont traictez de pair avec lui, et saluez du nom de Frere Pierre, Frere Gaspard et Frere Jean, il a esté malaisé de tenir la patience, et nous nous sommes imaginés que ces termes sortoient ou de la charuë, ou du moulin; lui qui lit encore à present les distiques de Caton à ses petits ecoliers, pouvoit ce me semble retenir son avertissement et parler des hommes en termes honorables. Car le college de la Flèche n'est pas aneanti, ni la memoire des necessitez dans lesquelles nous lui avons mis le pain à la main, ce qui soit dit aussi veritablement sans reproche, que sans metaphore.

En la premiere page il avance hardiment que jamais aucun de nos SS. Peres, ni des Rois d'Espagne n'ont fait cette faveur à nôtre Compagnie de prendre un confesseur de nostre corps, et que c'est une honte qu'il faille que dans la France, au milieu

de tant d'habilles docteurs avoir recours à un Frere
Pierre, à un Frere Jean pour faire le premier office
du royaume. Il est vrai que reconnoissant la faveur
que le Roy nous fait en cette matiere de si grande
importance, en nous confiant son ame entre nos
mains, nous connoissons que M. le Recteur ne reçoit pas la gazette de Rome à tous les couriers ordinaires, car il auroit appris que le Pape d'apresent
Urbain VIII tient autour de soi le P. Hieròme Flo-
raventi, theologien de nostre Compagnie pour son
confesseur ordinaire. Et quand au Roy d'Espagne,
qui n'avoit nul interest aux PP. de Tournon. Beni
soit Dieu, que M. le Recteur connoisse pour le moins,
que les Jesuites ne sont pas Espagnols, jusques à
cette faveur.

En la page troisième il se fâche contre M. Pelletier, de ce que parlant du libelle latin contre le
Roy, il a dit qu'il y avoit des choses contre l'honneur
et la reputation de la France, et s'imagine que
Pelletier amoindrit le crime de cet auteur conni-
vant avec nous, c'est à dire que M. le Recteur ne
se contente pas, si on ne rompt bras et jambes, si
on ne lance des injures atroces, comme lui; qu'il
se souvienne que tous les esprits ne sont pas de
mesme trempe, et que les plus injurieux ne sont
pas les plus sages. Il n'est pas a dire que ce mechant livre ne doive estre chargé de maledictions,

mais il nous semble que nous l'avons assés détesté,
et amplifié le crime de son auteur; et M. Pelletier
ne pouvoit pas dire choses plus injurieuses, que
celles qu'il a dites, s'il n'eut voulu entreprendre
sur le mestier de M. le Recteur, et user d'attrocité
de paroles injurieuses qui n'est pas son humeur.

En la page quatrieme il parle de nos Generaux,
comme je parlerois des Mandarins de la Chine, ou
des Bourgmestres de Zurick, c'est à dire et avec
mepris et avec ignorance. Car il dit, par une parenthese trés odieuse, pour nous rendre suspects en la
France, que nos Generaux n'ont esté depuis nostre
institution, et ne peuvent estre qu'Espagnols natu-
rels ou sujets du Roy d'Espagne. M. le Recteur a
pris assurement les memoires de l'avocat Favin,
grand ennemi de nostre Compagnie, lequel au commencement de son histoire de Navarre, a dit que
nous avions eu jusques à maintenant quatre generaux tous Espagnols de nation, ou de servitude,
dont le premier estoit saint Ignace de Loyola; le
second, François Xavier; le troisieme, Mercure, et
le quatrieme, Clement Aquaviva. Il est vrai qu'en la
seconde edition, son imprimeur plus sage que lui,
a fait un carton de ce feuillet et corrigé ces fautes.
Mais nous prions M. le Recteur d'estre sur ses
gardes, et de ne prendre pas des citernes crevassées
pour les fontaines d'eau vive.

En la page cinquième M. Pelletier ayant cotté les
paroles du feu Roy comme des oracles pour servir
de deffensès contre nos ennemis, tant celles qu'il dit
aux deputez de la Cour du Parlement et que celles
qu'il dit a nos Peres deputez de la Congregation
Provincialle de France, M. le Recteur croyant avoir
lui seul plus d'autorité que tout le Parlement, et
plus de créance que tous nos Peres qui sont encore
pleins de vie, dit que le discours du feu Roi
est un theme controuvé par le Frere Pierre, entendant le R. P. Cotton; mais je vous demande,
Messieurs, eussions nous été si depourvus de sens
que les faire imprimer, mesme du vivant du feu
Roi, si elles n'eussent esté plus que veritables,
et les eussions nous gardées, comme nous les gar-
dons encore de present dans nos papiers de consequence, pour servir comme d'oracles à la posterité?
M. le Recteur qui est accoutumé de donner des
themes à ses enfans dans la troisième classe d'Harcourt, et de feindre comme disait saint Augustin,
Verba Didonis morientis, pour exercer sa petite
jeunesse, s'est imaginé fort aisement que nous estions aussi licentieux que lui, à conter des nouvelles
et forger des paroles a perte de vuë.

En la page sixième il use d'une funeste prevari-
cation et commet un acronisme injurieux à la
memoire du feu Roi envers les Jesuites. Qu'il lise la

commission par lui donnée à M. de Silleri en 1599,
l'envoyant ambassadeur à Rome : il est evident
que M. le Recteur a pris ces paroles du plaidoyé
de M. Servin. On l'entend venir comme s'il portoit
encore ses galoches. C'est comme si nous disions,
qui voudra sçavoir le vrai sentiment de l'Empereur Constantin touchant le Christianisme, qu'il
lise Sozomene et qu'il voye les temples des idoles
qu'il a basti devant son baptesme, qu'il consulte
ce qu'il a fait avant de parler à saint Sylvestre.
Car il est évident que ce seroit un acronisme tres
injurieux à la memoire de ce brave Empereur; et
c'est une voye pu' lique de laquelle M. le Recteur
ne sçauroit estre ignorant, quoiqu'il le soit en plusieurs choses, laquelle le feu Roi a dit publique-
quement qu'il nous avoit aimés quand il nous avoit
connus. Or est-il qu'il ne nous avoit connus, à
ce que toute la France sçait, et qu'il le disoit lui-
méme, que l'an 1602, c'est-à-dire trois ans après la
commission donnée à M. de Silleri, laquelle M. le
Recteur a fait imprimer dans les compilations
avec aussi mauvaise foi que les lambeaux des lettres
de M. le Cardinal d'Ossat, les rognant et falsifiant
comme bon lui semble. Mais bon Dieu, pourquoi
voudroit-il entreprendre plus tost le sentiment du
feu Roy pour nos affaires l'an 1599, que toutes
les années suivantes, jusques à sa mort ? Et s'il

falloit s'arrester à cette commission de l'an 1599,
pourquoi nous auroit-il rappellé par édit de l'an
1602, fondé le collége de la Flèche l'an 1603,
rasé la Pyramide l'an 1604 et usé du P. Cotton
en ses confessions jusques à l'an 1610, qui fut
l'année de sa mort? Toutes ces choses estans
posterieures à la commission de M. de Sillery,
sont par consequent derogatoires, si M. le Recteur
entend les principes et les rudimens du droit. Ce
qui fâche cet honneste homme, c'est que ce grand
Prince nous aimoit, et il vouloit se persuader le
contraire. De même nature est ce qu'il dit à la
page septieme, touchant les lettres du Roy aux ha-
bitans de la Rochelle pour la reception du P. Seguiran. Car le Roy leur ayant fait l'honneur
d'ecrire à leur hostel de ville, leur enjoignant de
recevoir ledit Pere pour leur predicateur, et M. Pelletier ayant apporté la copie de cette lettre dans
son apologie, M. le Recteur demeure ferme comme
un gladdiateur sur la posture et s'inscrit en faux
contre ces lettres, disant qu'elles ont esté con-
trouvées par Frere Pierre. C'est un peu trop, et
quelque peu de prudence eut esté bien necessaire
à M. le Recteur pour se souvenir qu'il pouvoit
estre dementi par les Rochellois mesmes.

En la page huitieme il semble avoir perdu l'esprit,
tant il est transporté de colere contre le R. P. Fran-

çois Solier, pour avoir fait imprimer la predication du docteur Beza à l'honneur de saint Ignace
fondateur de nostre Compagnie. Car aprés avoir
attrocement invectivé contre ledit Pere, il tâche de
prouver que nous sommes contraires et pernicieux
à l'autorité du Roy, parce que Beza disoit en cette
predication, qu'il y a plusieurs religieux dans nostre Compagnie capables de faire des leçons aux
chanceliers de Grenade et de Castille. Car pour
laisser à part la malice de M. le Recteur, qui a
substitué les chanceliers de France et de Navarre,
pour ceux de Grenade et de Castille, je voudrois
bien sçavoir la force de cette consequence, si M. le
Recteur entendoit autre chose que les regles de
grammaire. Il y a (disoit Beza) des religieux, parmi
les Jesuites, qui seroient capables de faire leçon aux
chanceliers de Grenade; donc ils sont pernicieux à
l'autorité du Roy de France. Car c'est comme si
nous disions, il y a des grammairiens dans l'Université de Paris et le college d'Harcourt, qui pouroient faire des leçons à Despautere et à Clenard,
donc ils sont contraires à l'autorité du Roy de
Dannemarck.

En la page neuvieme il controuve en l'affaire du
P. Guignard, des choses si horribles et si execrables, qu'elles seroient suffisantes de nous causer
un bannissement general si elles estoient veritables.

C.   7

Mais venir aprés une si longue revolution d'années nous charger de deux circonstances diaboliques, nous ne sçavons pas avec quel principe de conscience il le peut faire, et avec quel front il poura s'approcher de la sainte Table devant que de s'estre reconnu et avoir dechargé nôtre innocence. Nous en disons le mesme de tout ce qu'il enfile touchant ces monstres horribles de parricides, lesquels il nomme avec un appetit particulier sçachant bien que leur memoire est chargée de maledictions, qu'ils meriteroient d'estre à jamais effacés de tous les livres de France. Neantmoins M. le Recteur les fait revivre par son autorité et *de mandato Domini Rectoris*, n'ayant fait aucun libelle, contre nous, depuis un an et demi qu'il est en charge, dans lequel le nom de cet Alastor detestable ne soit une douzaine de fois écrit en grosses lettres. Il nous dira que c'est pour l'abhorer, mais tous les hommes sages lui diront que le plus court expedient pour detester ces prodiges, c'est celui que nous enseigne le grand Apostre *nec nominetur in vobis*, il devoit suivre le sage avis de la Cour de Parlement, qui a commandé que tous les parents de cet abominable changeassent de nom, et que sa memoire avec son procés fut reduitte en cendres.

En la page onziesme, il parle avec un trés malicieux dessein de la deposition des Rois (matiere

trés odieuse, et de laquelle les sujets d'un prince
ne devroient jamais ouir parler) car si quelques
auteurs anciens et modernes en ont traité, ça esté
en langue etrangere et inconnue du vulgaire affin
que ces questions demeurassent dans l'enclos d'une
Theologie. Neantmoins M. le Recteur en a parlé à
tout propos, et en écrit en langue maternelle aussi
froidement que s'il parloit de donner un thème a
des enfans, et avec autant d'ignorance que scaurait
faire un homme de son metier parlant de la Theologie. Car citant nos Ecrivains qui ont touché cette
matiere aprés les anciens maitres de l'Ecole, il
nomme par deux diverses fois un certain *Heyssius,*
qui est un ignorance trés grossiere et qui montre
la corde. Car lui qui a accoutumé de manier les
livres de grammaire, et qui prend quelques lip-
pées dans les oraisons de *Heyssius* pour ses declamations ordinaires, s'est imaginé avec une trop
grande simplicité que c'estoit quasi le même auteur
et qui traitoit même matière. Ceux qui lui ont
fourni ces memoires avoient écrit *Lessius.* Mais
M. le Recteur n'ayant pas sceu lire, il a substitué
Heyssius, qui est un grammairien du Pays-Bas,
Huguenot et grand ennemi des Jesuites.

En la page vingt-uniesme, M. Pelletier avoit dit,
que nous sommes plus unis en doctrine avec la
Sorbonne, que la Sorbonne ne l'est avec elle

meme, cette proposition a semblé scandaleuse à
M. le Recteur, et pour nous enveloper mal à propos en ce funeste livre de l'admonition au Roy, il
dit que les paroles de M. Pelletier sont tirées de
ce libelle en ces termes : *Etiam Sorbona quamvis Cardinalitio energemate pressa probabit.* Il
est à croire que M. le Recteur se moquoit de ses
lecteurs quand il ecrivoit ces paroles, car il n'y
a pas une syllabe du latin qui reponde au françois de M. Pelletier, et la demangeaison qu'il avoit
de nous faire auteurs de ce malheureux libelle, le
porte au delà des termes de la raison et du jugement. Là mesme il nous impose que nous aspirons
ardemment aux Crosses et aux Mitres, et le montre par l'exemple du P. Seguiran, à l'action de
Fontainebleau touchant sa place auprés du Roy.
Il est à croire que M. le Recteur depense beaucoup plus en impressions de libelles diffamatoires
qu'en espions et en gazettes. Car il ne pouvoit
prendre un exemple plus contraire à ses desseins,
et tous les Prelats deposent clairement en faveur
du P. Seguiran, et celui même qui s'interessoit si
avant dans l'affaire, aprés les premiers bouillons
de sa première colere, a été contraint par la force
de sa conscience de louer la modestie du P. Seguiran, et lui faire quelque reparation d'honneur
en presence de Nosseigneurs les Cardinaux de la

Rochefoucaud et de Richelieu. Si nos Peres chas-
soient aux Eveschez comme il nous accuse, il y
.en a deux qui pouroient estre les plus relevés en
dignitez ecclesiastiques s'ils eussent seulement
voulu consentir à la volonté des Roys leurs
maîtres. Mais les façons ordinaires de M. le Recteur, et ce billet impudique qu'il fit donner un
de ces jours, par mains interposées, a celui de nos
Peres qui preschoit à Saint-Merry, depose clairement de la liberté qu'il prend à faire des commentaires sur nos actions, comme s'il glossoit en
sa classe les Adelphes de Terence ou les distiques
de Caton.

En la page vingt-huitiesme il invective contre nous
de ce que nous mettons à son dire l'autorité de
nostre General au-dessus du Pape, en quoi nous
nous etonnons grandement, que celui qui avoit si
fort déclamé contre le pape aux pages precedentes
soit tout-à-coup devenu jaloux de son autorité.
Mais la resolution de nostre doute se prend de
l'animosité de M. le Recteur contre nous, car pourveu qu'il nous blesse jusques au vif, qui est son
principal dessein, peu lui importe que ce soit pour
ou contre les princes, en faveur ou en depit du
Pape. En sa harangue du grand conseil il déclama
fort attrocement contre les titres que nous donnons
à nostre General, et tascha de nous rendre crimi-

nels de ce que nous l'appellons : *Admodum Reve-
rendum*, et fit comme Rufus le Grammairien :
Grammaticæ artis ut se peritum ostenderet. Car
il tâcha de montrer par un long discours que le mot
de *Reverendissimus* n'est pas si honnorable que
celui d'*Admodum Reverendus*, et par consequent
que nous posions nostre General par dessus les
Evêques qui ne sont qualifiez que *Reverendissimi*,
au lieu que nos Généraux sont à nostre dire *Admodum Reverendi*. Messieurs, vous avez la memoire de ce que disoit saint Jerôme contre Ctesi-
phon, aussi habile grammairien que M. le Recteur,
qu'il reconnoissoit la sacrée personne de Notre-
Seigneur pour estre ΑΝΑΜΑΡΤΕΤΟΣ, mais non pas
impeccabilis, et de ce que saint Augustin repondit
à l'heretique Urbinus qui avançoit cette proposition : *In Evangelio Christi ara cessit altari*. Les
grammairiens sont aucunement supportables dans
une classe de grammaire, mais à la face du conseil
du Roy et dans un livre qui porte pour titre : *Bulles
des Papes*, *Edits des Roys*, *Arrests des Parle-
ments*, *de mandato illustrissimi Rectoris*, disputer
si *Reverendissimus* est le même que *Admodum
Reverendus*, il nous semble que c'est abuser de la
charge de Recteur et profaner son ecarlatte.

En la page vingt-neuviesme il nous accuse d'une
trop grande appreté, et d'une chaleur demesurée

pour les biens de fortune, ce qu'il prouve par deux
ou trois instances aussi fausses que ridicules. La
premiere, que nous avons fait à son dire un contract pour le trafic du Canada. Car tout le trafic de
ce pays là n'estant que de morues et de peaux de
castor, il faut que M. le Recteur espere de rencontrer des lecteurs idiots, auxquels il puisse persuader
ses fables. Il devoit dire que nous sommes aussi
partisans des marchands de Dieppe pour la drogue
des harans, et ajouter aux peaux de castors les ma-
roquins du Levant et les laines de Segovie, car l'un
peut avoir autant de probabilité que l'autre. Nous
sçavons que l'une des plus anciennes accusations
qui furent lancées contre nôtre Compagnie en la
personne du P. Ponce Gogordant, lequel on accusa
en pleine audiance d'avoir derobé dans le fauxbourg Saint-Jaques, un mouton et un pot de terre
pour enrichir nostre menage. Mais M. le Recteur
passe plus avant, et pour nous faire opulens tout
d'un coup, advance dans les conseils du Roy et
dans les livres imprimez *de mandato Illustrissimi
Domini Rectoris* que nous avons le grand parti de Canada, qui est des peaux de castor et de moruës.
Au premier jour on verra par les harangues et par
les libelles de M. le Recteur que nous avons aussi
le grand parti de sel, qui conviendra fort bien avec
celui des moruës. Cet honneste homme a dit tout

ce qu'il ne faloit pas dire et n'a rien dit de ce qu'il
devoit. Car il est vrai que depuis quelques années
nous avons fait un trafic en Canada, mais c'est de
marchandises plus pretieuses que ne sont les peaux
de castors et d'orignac, ce sont les ames rachettées
par le sang du fils de Dieu, pour lesquelles nous
allons jusques dans les mondes nouveaux, traver-
sons les mers et fendons les montagnes, avec des
incommoditez étranges, qui nous servent de monnoye pour trafiquer en ce nouveau commerce. La
deuxieme instance pour laquelle il prouve l'ardeur
de nostre avarice, c'est que nous avons à son dire
fait un contract pour tout le bois flotté qui vient
dans Paris par la rivière de Marne. Il faut assurement que l'esprit de M. le Recteur soit de cette nature et flotte à la créance de tous les objets que
l'animosité lui represente contre nous; mais bon
Dieu! ne faut-il pas qu'il y ait des hommes au
monde, qui servent d'entretien pour defrayer les
autres, et ne faut-il pas que M. le Recteur ait conceu
une trés grande opinion de son écarlate, la prosti-
tuant aux risées qu'on fera de sa fortune, quand on
scaura qu'il est d'un esprit si facile et si sujet à
toutes les impressions? Mais que ne disoit-il aussi
par consequent que nous trempons dans le parti
des charbonniers de greve, des cordonniers du
Morvant ou des faiseurs de gravelée? Car ils sont de

mesme nature que ceux de bois flotté et aussi propres pour noircir et charbonner nostre reputation
que le parti de Canada.

La troisieme instance est encore plus ridicule
et plus convenable a la personne de M. le Recteur.
Car pour compter nos richesses innombrables, il
ne se sert plus de *maravedys*, comme la pauvre
noblesse d'Arragon, mais il les suppute par les balais de nos classes et par les toiles de nos chassis.
Car en la page trente-huitieme il avance cette proposition : *Que quand nous n'aurions dans nos colleges pour l'entretien de nos religieux, que l'argent
qui se leve pour ballayer nos classes, et pour les
toilles de nos chassis, il y en auroit plus que tous
les Landys de l'Université*, lesquels neantmoins à
son dire ne montent qu'à cent ou six vingt ecus d'or
pour chaque Regent de nos colleges. Or si le calcul
de M. le Recteur estoit veritable, il faudroit que
les balais à nettoyer nos classes fussent de queuës de
paon, comme ceux de l'empereur Heliogabale, et
que les toiles de nos chassis fussent aussi fines et
aussi deliées que les plus delicates d'Hollande. Il est
vrai qu'en matière de balayeurs de classes, il n'y a
juge si competant au monde que M. le Recteur, s'il
peut gagner sur son esprit de dire la verité. Car il se
peut souvenir que dans la Flêche, où il a fait cet
office 3 ou 4 ans, nos balais qui lui ont passé par

les mains ne sont jamais passés à une si grande
somme qu'il nous veut faire croire. Mais M. le Recteur par sa supputation ingenieuse nous remet en
memoire celui qui comptoit, dans Catulle, ses pos-
sessions à regions entieres, et finissoit fort ingenieu-
sement par ces paroles : *Cætera sunt maria.* Car
nous pourrions suivant l'arithmetique de M. le
Recteur compter nos richesses tant en peaux de castor; item tant en bois flotté, tant en moruës, tant en
toille de chassis, *cætera sunt scopæ dissolutæ.*

En la page trentieme il nous accuse de traiter les
affaires par seule ambition et vanité, pour epier les
actions des Rois et gouverner les Etats. Ce sont trois
javelots envenimés qu'il nous lance d'une même
main. Premierement nous traitons, dit-il, et manions toutes les affaires qui nous passent par les
mains par le seul motif d'ambition. En quoi M. le
Recteur n'excede pas seulement les lois de son mestier, c'est-à-dire : *Grammaticos canones*, mais encore s'ingere par dessus la commission des Anges
dans le secret de nos intentions. Si nous, qui sommes en nombre presque infini faisons le jugement
de M. le Recteur, qui n'est une personne considerable que par sa seule robbe, on diroit que nous
avons tort, et on diroit vrai. Car c'est une chose
sacrée que l'intention des hommes, et il n'appartient qu'à un valet de juger ses conserviteurs, disoit

le grand Apostre. A quel propos est-ce donc que
M. le Recteur va mettre les doigts sur les touches de
nos intentions pour assurer resolument que nous
ne traittons nos affaires que par le motif de l'ambition et de la vanité. Il n'y a personne d'entre nous
qui ne se confessat s'il avoit tenu ce langage du valet
de M. le Recteur.

Secondement, il avance que nous manions les
affaires publiques, qui sont les confessions, predications et lectures, pour espier les actions des Roys,
et pour leur donner des conseillers et officiers Jesuites *ex voto*, c'est à dire affidez à la cabale de
nostre Compagnie. De quinze cents Jesuites qui sont
en France, il n'y en a qu'un seul qui scache les
actions communes et publiques de nos Princes, tous
les autres y sont plus neufs, que M. le Recteur n'est
ignorant en nos affaires, lesquelles il ne sçait que
pour en tirer des consequences ridicules, et nous
accuser d'estre espions aux deportemens et actions
secrettes de nos Rois. C'est un crime de leze-Majesté, qui n'est jamais tombé en la cervelle d'aucun
de ceux qui nous ont accusez jusques à maintenant, et quand M. le Recteur aprés avoir nommé
le P. Seguiran ajoute que les autres sont *ejusdem
farinæ*, nous disons que par droit de bienseance,
il n'appartient qu'à M. le Recteur d'emprunter des
metaphores de la tremie et de la meule.

En somme, il ajoute, que le principal chef de nos desseins au traitement des affaires publiques, est pour gouverner des Estats. Certes, qui n'auroit jamais connu les Jesuites que par ce lambeau, croiroit aisement que tous les Peres de nostre Ordre sont des gouverneurs ou lieutenans de Rois dans leurs Provinces, et à son compte, la Guyenne, la Normandie, la Provence et le Languedoc ne plient que sous nos loix, et pourions dire ce que disoit Ausone de l'Empereur Gratian : *Ausonius cujus ferulam nunc sceptra verentur.* Si M. le Recteur scavoit les Reglemens interieurs et les precautions desquels nous usons pour ne laisser aller nos esprits à ces grandeurs imaginaires et gouvernement de Provinces, qu'il dresse dans les espaces imaginaires de son esprit, il changeroit bientost d'avis, si l'animosité ne l'attachoit irrevocablement à ses premieres fantaisies.

En la page trente-unieme il nous charge comme criminels de ce que nous appellons les Rois d'Espagne : les Rois catholiques, car c'est le titre, dit-il, qu'ils donnent aux Espagnols. Assùrement s'il y avoit quelqu'un de nos disciples revoltés, d'aussi mechante humeur que M. le Recteur, nous verrions bientost des invectives contre nos Peres d'Espagne de ce qu'ils appellent nostre Roy, le Roi trés chrétien, et nous sommes aussi peu, je

ne dis pas coupables, mais aussi peu auteurs de
l'un que de l'autre titre. Si M. le Recteur lisoit
autre chose que les Adelphes de Terence ou les
distiques de Caton, il eut pû apprendre par la
bouche d'Arnobe, que telle estoit l'accusation des
Gentils contre les Chrêtiens de l'Eglise naissante,
qui les accusoient : *Si Nilus ascendisset in arva,
si luna laboraret deliquio.* Car tout le monde
scait que le titre de Catholique estoit attribué
au Roy d'Espagne avant que jamais on entendit
parler des Jesuites au monde, et neantmoins il lui
plaist de nous faire parains de cet eloge honnorable, comme s'il n'y avoit au monde que nous,
qui l'appellast le Roy catholique. Or, parce que
le principal dessein de M. le Recteur et l'ame de
toutes ses rapsaudies ne tend qu'à rendre nos
personnes, nostre doctrine, et nos travaux odieux
a la sacrée personne de nos Rois, nous vous en
prions, Messieurs, que par votre autorité vous
fassiez ouvrir les yeux à M. le Recteur, lui re-
mettant en memoire le danger evident du salut de
son ame, et de la séverité des menaces ecclesiastiques; car lui qui n'a accoutumé que de lire des
livres de Grammaire, ne scait pas que Gratian en
la deuxieme partie du Decret en la cause sixieme :
Capite infames nombrant les personnes marquées
d'infamie, y comprend nommement *eos qui contra*

innocentes principum animos ad iracundiam pro-
vocant. Il vous dira qu'il ne nous estime pas innocens, mais grace à Dieu nostre innocence n'est
pas si mal posée, qu'elle depende de l'estime ou
du caprice d'un homme qui est prest de faire
toutes sortes de mauvaises pratiques au seul
branle de son imagination. Vous scavés, Messieurs, que saint Bernard nous enseigne au second
de la consideration, qu'un homme qui s'oublie
des bienfaits receus est capable d'entrer en toutes
sortes de mechantes menées. Qu'il ait pitié de son
ame s'il n'a point d'égard à son honneur et à sa
robe. Qu'il ne se persuade pas que toutes sortes
d'insolences lui soient permises impunement, *quia*
ex edito despicit nos, il ne sera pas toujours per-
ché en ce grade d'honneur. De plus grands per-
sonnages que lui se sont vus, d'Evêques meuniers,
et si de meunier il pense estre devenu Patriarche,
ou comme il a coutume de parler Prince : de la
premiere Université du monde, qu'il se souvienne
que sa principauté ne durera peut estre pas plus
longtems que le consulat de Caninius. M. le Recteur semble estre maintenant un surgeon de Semeij,
lequel se servant de l'avantage du lieu et regardant David de haut en bas, lui lançoit des pierres
et des paroles outrageuses, l'appellant *Nimzereth,*
qui est un acrostique de toutes les injures que

M. le Recteur a pu controuver contre nostre Ordre.
David lui pardonna pour un tems , mais enfin
comme les insolences ne vont pas loin , et sont
de la nature des chenilles, qu'on ecrase sous les
pieds , il fut chastié de Dieu selon la grandeur
de ses outrages. Qu'il se souvienne, Messieurs ,
qu'il y a un Dieu protecteur des innocents , qu'il
ne se persuade point que nous soyons dans la
Moscowie sous Basilide , ou que c'est les personnes
opprimées et tyranniquement persecutées qui estoient contraintes à force de coups à baiser les
verges, et rendre graces en riant à leurs persécu-
teurs. Nous sommes en une Monarchie plus douce
et plus chrétienne, qui nous a laissé à tout le moins
la liberté des poulmons pour eventer nos douleurs
et de la langue pour nous plaindre à nos juges
et à vous. S'il n'etoit question que d'endurer en
nostre particulier, nous baiserions les vestiges de
M. le Recteur, et ferions comme saint Ignace , le
grand martyr d'Antioche ; nous caresserions les
ours et les lions qui nous persecutent. Mais estant
question d'un corps injustement outragé, et d'un
sujet qui ne nous rendroit pas martyrs comme
saint Ignace , mais victimes de toutes les maledictions du monde , permettez-nous qu'il nous
reste quatre choses , lesquelles on ne nous scaurait ravir sans injustice. La plume pour nous de-

fendre modestement, la voix pour nous plaindre justement, les poulmons pour soupirer doucement dans nos angoisses, et nos vœux pour les presenter à Dieu devotement en faveur de ceux qui nous affligent.

Telle fût la Remontrance que nous presentâmes à MM. de Sorbonne, qui eut son effect, non pas à l'endroit de M. le Recteur, esprit fort indomptable, mais envers Messieurs les docteurs de Sorbonne, qui en demeurerent satisfaits, et connurent par là l'humeur du personnage.

§ XII.

Le vingt-unieme jour de decembre, le Roy, aprés une deliberation de six mois, se resolut de se defaire du P. Seguiran, qui lui avoit servi de confesseur et de predicateur, l'espace de 4 ans, et de substituer le P. Suffren à sa place. Il appella pour ce sujet M. le Cardinal de la Rochefoucaud, et lui declara son dessein, avec commandement exprès de le faire scavoir à la Reine, sa mere, ce qu'il fit avec M. le Cardinal de Richelieu. Car tous deux allant trouver la Reine mere dans sa chambre, lui firent entendre la volonté du Roy, son fils. A quoi d'abord, la Reine, comme si elle n'eust rien sceu de l'affaire (en effect il y en a qui estiment qu'elle n'en sçavoit

rien), pria Messieurs les Cardinaux de ne passer
pas outre, jusqu'a ce qu'elle eust parlé au Roy.
Mais M. le Cardinal de Richelieu la pria de ne rien
remuer, et d'acquiescer a la volonté du Roy, d'autant que c'estoit une affaire vuidée, ou si elle appor-
toit de la difficulté, qu'elle pouroit aigrir l'esprit du
Roy, son fils, qui avoit resolu ce changement depuis
le jour de la Pentecoste, jurant par le feu que voila,
se tournant du costé de la cheminée, qu'il avoit
empesché le coup et luitté contre l'esprit du Roy,
l'espace d'un an et demi tout entier. La Reine trouva
grande difficulté à consentir à ce changement,
croyant d'abord, que le Roy lui voulut oster le
P. Suffren. Mais quand elle entendit que la volonté
du Roy, n'estoit pas de la priver dudit Pere, elle
montra une grande facilité, les priant neantmoins
de ne le faire pas sçavoir a nos Peres, jusques a ce
qu'elle eust parlé au Roy, pour lui faire entendre
ses raisons. Comme ils estoient sur ces contesta-
tions, le Roy survint dans la chambre de la Reine
mere, et voyant quelque dispute entre sa mere et
les Cardinaux, il lui dit d'abord : *Madame, c'en
est fait; j'ai resolu de prendre le P. Suffren.* A
quoi la Reine mere lui dit premierement : *Sire, je
ne sçais si vous ne comptez pas sans l'hoste. Car
je m'asseure qu'il ne le voudra pas.* Le Roy luy
repartit : *J'ai bien preveu cela. Mais je lui ferai*

C.   8

commander par son Superieur. *Mais quoi*, dit la Reine, *Sire, n'avez-vous point songé a ce qu'on pourra dire, et faire courir le bruict que c'est une de mes inventions, et que je vous ai donné le P. Suffren pour sçavoir l'estat de vostre conscience. Il n'est peut-estre pas expedient que vous et moy ayons un mesme confesseur.* Le Roy ne repondit rien a cela, sinon qu'il y avoit bien pensé, et qu'il avoit declaré sa volonté a Mgr le Cardinal de la Rochefoucaud, et qu'il n'en vouloit plus entendre parler. Mgr le Cardinal de la Rochefoucaud se retira dans son logis de Sainte-Geneviève, et aussi tost depescha un carosse au P. Cotton, le priant de le venir trouver sur les 6 heures du soir. Le P. Cotton s'estant excusé par un mot de lettre, sur ses affaires et sur son sermon du lendemain, luy envoya deux de nos Peres pour sçavoir sa volonté. Mgr le Cardinal les receut trés honorablement. Car l'un d'eux estoit le P. Lallemand, qui avoit esté son grand amy et son domestique à Rome. Neantmoins il ne leur voulut point dire de bouche la commission qu'il avoit du Roy; mais ecrivant un billet cachetté, il l'envoya au P. Cotton, lui declarant la volonté du Roy, avec ce qui s'estoit passé dans la chambre de la Reine. Les Peres arriverent dans la Maison Professe, entre 7 à 8 heures, durant la recreation du soir. Le R. P. Cotton estant avec le

P. Seguiran, dans un coin de la salle, receut le billet,
et se faisant apporter de la chandelle le leut, sans
leur en faire aucun semblant; ains, continuant le
discours commencé, avec une grande tranquilité
d'esprit; les litanies estant achevées, il s'adressa aux
Peres et Freres et leur demanda la Messe du lendemain et la communion extraordinaire pour une affaire, dit-il, *que vous ne scaurez que trop tost.* Ces
paroles nous mirent tous en allarme, et nous donnerent la curiosité de sçavoir ce que c'estoit. Il se
retira devant le Saint-Sacrement, selon sa coustume
et y demeura plus qu'à l'ordinaire, et nous, pensant que le P. Seguiran dust sçavoir quelque chose
de cette affaire, nous nous adressasmes a luy pour
contenter nos desirs. Mais nous vismes qu'il en estoit ignorant aussi bien que tout le reste de la maison, quoiqu'il nous dist aprés, que son cœur luy
avoit battu la dessus. Le lendemain 22, de grand
matin, le R. P. Cotton n'ayant communiqué l'affaire qu'au R. P. de la Tour, superieur de la Maison Professe, et au R. P. Jacques Bertric, son
compagnon, s'en alla trouver le R. P. Seguiran dans
sa chambre, et luy dit d'abord : *Mon R. Pere, je
viens vous donner une nouvelle, laquelle peut
estre vous estonnera.* Le P. Seguiran l'interrom-
pant, *n'est-ce pas mon Pere,* luy dit-il, *que je ne
suis plus confesseur du Roy ? C'est cela mesme,*
dit le R. P. Cotton. A ces paroles le R. P. Seguiran

se tournant vers son oratoire, commença a haulte voix le : *Te Deum laudamus*. De quoy le R. P. Cotton demeura estonné et grandement edifié, et aprés quelques discours que le R. P. Cotton lui tint, les larmes aux yeux, touchant l'estat present des affaires. *Je suis neantmoins resolu*, dit-il, *de voir le Roy devant que passer outre, et luy faire entendre le prejudice que ce changement peut porter a ses affaires*. Le P. Seguiran l'en dissuada fort et ferme, *d'autant*, dit-il, *mon Pere, que la chose est faicte, et qu'il n'y a plus de remede*. Il reste seulement deux choses à faire. La 1re est de faire entendre la volonté du Roy au P. Suffren. La 2e est d'escrire un mot a M. le Cardinal de la Rochefoucaud, pour la resolution de quelques points ausquels il va de mes interests. Pour le premier chef, ils allerent trouver le P. Suffren en sa chambre, qui ne songeoit a rien moins, et preparoit sa predication pour Saint-Gervais. D'abord, voyant le P. Cotton et le P. Seguiran, il nous a confessé qu'il cuida pasmer par un soudain saisissement, le P. Cotton luy ayant declaré la volonté du Roy et faict la lecture du billet de M. le Cardinal de la Rochefoucaud. Il fit une grande resistance, et se voyant pressé par nos Peres, il se jetta a genoux devant le P. Cotton, le priant par ces paroles : *Si quid potes adjuva nos*. Le P. Seguiran luy repondit fortement : *Mon Pere, il est temps de se sacrifier pour la Compagnie : il faut abso-*

lument accepter cette charge, ou voir perir la Com-
pagnie en France. A ce mot le P. Suffren plia le
col avec cette parole : *La seule consolation que*
j'aye en cette affaire, est que je ne vivrai plus
gueres, et que je verrai d'autant plus tost Nostre
Seigneur ; car il est impossible que je puisse durer
longtemps en cet estat.

Pour le second chef, le P. Coton et le P. Seguiran se retirerent dans le cabinet du P. Seguiran,
lequel escrivit à M. le Cardinal de la Rochefoucaud.
les propositions suivantes. 1° Qu'il prioit ledit Seigneur Cardinal de remercier le Roy de sa part, pour
l'avoir deschargé d'un office duquel il s'estoit tousjours estimé trés indigne. 2° Qu'il prioit Sa Majesté
d'excuser et pardonner les fautes qu'il avoit faictes
en une charge de si grande importance, estant
une des plus relevées et des plus dangereuses de
l'Europe. 3° Qu'il prioit encore Sa Majesté de luy
faire dire en quel lieu il se retireroit. 4° Pour le
reliquat de ses gages, qu'il pleust à Sa Majesté de
luy faire payer mille livres qui restoient pour le
payement de quelques serviteurs. M. le Cardinal
ayant receu la lettre du P. Seguiran, se trouva à la
Messe du Roy, et Sa Majesté s'estant aperceu du
papier qu'il tenoit en la main, le luy prit sur la
conjecture qu'il avoit, s'estant persuadé que c'estoit
la reponse du P. Seguiran. Il leut fort attentivement

les susdites propositions, et ayant plié le papier,
le deplia de rechef et le leut pour la seconde fois.
Sur quoy, Messieurs de Tours et d'Auxerre s'estant
aperceus que le Roy avoit changé de couleur, s'ap-
procherent de luy pour sonder doucement sa volonté,
et d'abord il leur dit : *Le P. Seguiran est un trés bon
homme et trés bon Religieux ; je n'ai aucun mecontentement de luy ; je veux qu'il soit payé jusques au
dernier sol, et qu'il se retire où il voudra : je m'en
remets au Provincial. Au reste, il a tort. de me
demander pardon ; car il m'a toujours servi trés
fidellement.* Messieurs de Tours et d'Auxerre eurent
commission de porter ces paroles au P. Seguiran,
qui les receut avec beaucoup de satisfaction et
donna trés bon exemple a toute la cour, par son
humilité, demeura dans Paris jusques au caresme
prenant, auquel il partit pour aller prescher a
Tours, suivant le congé que M. l'Archevesque en
avoit obtenu du Roy. Le 23, le P. Suffren fut au
Louvre pour se presenter au Roy et sçavoir ses volontés. Il fut accueilli trés favorablement et en peu
de mots. Le Roy lui dit que depuis longtemps il
avoit formé ce dessein de le prendre pour confesseur, se fiant en sa prud'hommie, et qu'il avoit
sceu de la Reine sa mere, le contentement qu'elle
avoit de ses entretiens, et que pour cela il luy avoit
voulu mettre sa conscience entre les mains. *Car je*

me veux sauver, dit-il, *a quelque prix que ce soit*, et luy dit par trois fois ces paroles : *Au reste, je ne veux point vous obliger*, ajouta-t-il, *d'assister tous les jours à ma Messe ; il suffira pour vous et pour moy, que vous veniez me voir une fois la semaine, et quand j'aurai besoin de vous extraordinairement, je vous envoyerai un carosse. Asseurez tous vos Peres que je n'ai nul mecontentement du P. Seguiran, ni d'aucun de la Compagnie, et qu'en toutes les accusations qu'on me fera de vos Peres, je m'esclairciray avec vous. Il est vray*, lui dit-il, *que hier mesme de fraische datte, on m'a voulu faire croire que vos Peres du Pays-Bas ont fait quelques tableaux desavantageux a l'honneur de mon Estat, faisant representer un cerf qui fouloit les fleurs de lys, le tout accompagné de certaines devises honteuses, mais je n'en veux rien croire, et s'il arrive que quelques uns de vous s'égare de son devoir, je m'en plaindrai a vostre General pour me faire raison.* Il le congedia ainsy avec de trés bonnes paroles, luy redisant souvent : Ayez soin de mon ame. Car je me veux sauver.

§ XIV.

Dans la Cour de la Reine mere on se rejouit

fort de ce changement, et la Reine mere en ayant
monstré quelque signe de contentement, ajouta
que le P. Suffren n'estoit pas comme les autres
Jesuites, et que tout en iroit mieux. Il y en eut un
des plus grands du Royaume, qui luy repartit :
Madame, je vous respondrai sur ce poinct par le
narré d'une histoire, qni est arrivée ces jours
passés. Je pris dernierement dans une de mes
maisons une nichée de louveteaux ; et une dame,
qui a bien l'honneur d'estre connue de Vostre
Majesté, estant entrée dans ma salle, ou j'avois
faict porter ces louveteaux, me pria de luy en
donner un. Je luy presentai toute la nichée, et
elle faisant estat de se contenter d'un seul, les
considera tous fort attentivement, en prenant tan-
tost l'un, tantost l'autre, et enfin, aprés les
avoir tous regardez, entre les deux yeux, elle
les jetta par depit, disant : qu'ils estoient tous
louveteaux, et tous enfants d'une louve, et que
le meilleur ne valoit rien. Ce rapport fut receu
avec applaudissement de tous ceux qui nous haïs-
sent, et on tascha de le faire gouster au Roy, qui
dez le lendemain le dit au P. Suffren. Ceux qui
sont autour de Sa Majesté, et qui approchent le
plus de sa personne, au petit coucher, ne s'ou-
blierent d'aucun artifice pour le detourner de se
confesser au P. Suffren, luy disant qu'il estoit

si farouche qu'au moindre peché veniel il imposoit
des jeusnes et des disciplines pour penitence. Dez
le jour mesme, qui fut le 24, auquel le Roi devoit
se confesser audit Pere pour la premiere fois, ils
alloient publiant par tout le Louvre, que le Roy
n'avoit peu dormir de toute la nuict, pour l'apprehension d'approcher le P. Suffren, et qu'il n'y
avoit pas d'apparence de le tenir en cette servitude et gehenne d'esprit. Il se confessa neantmoins
avec beaucoup de satisfaction, et aussi tost aprez
la confession, il alla trouver la Reine sa mere
pour lui declarer son contentement, disant a haulte
voix, que jamais il n'en avoit receu de pareil, de
ses confessions, et qu'il esperoit toujours aller de
bien en mieux. Cette action du Roy estonna fort
nos ennemis, qui toutefois ne perdirent pas courage. Car ils nous pratiquerent une fascheuse partie
le jour de la Circoncision, qui fut telle.

Le Roy·promit au P. Suffren de venir en nostre
maison pour ouir la predication, et de fait il nous
fit cette faveur. Le P. le Jeune prescha des gran-
·deurs de la Royauté de Jesus-Christ, et fut loué
du Roy, quoyque quelques flatteurs taschassent
de luy persuader qu'il avoit interessé ses droicts,
parlant de la Royauté de Jésus-Christ, c'est-à-dire
du Pape, suivant leur explication pleine de malignité. Durant les vespres, ils aposterent le curé

de Saint-Germain-l'Auxerrois, nommé M. de Né,
grand ennemy de nostre Compagnie, pour proposer
au Roy ce cas de conscience, affin d'en avoir la
resolution du P. Cotton, qui estoit present : a
sçavoir si un criminel de leze Majesté estant in-
terrogé par son juge est obligé de confesser et
advouer son crime; quand il n'y a ni preuve, ni
temoing. Messieurs de Tours et de Paris, qui
avoient ouï quelque chose de cette menée, faisoient signe au P. Cotton qu'il esquivast et qu'il
ne respondist pas. Mais ledit sieur de Né, qui
estoit venu, prest et instruict sur cette matiere
pour declamer contre nous, fit si bien qu'il mit
le P. Cotton dans la dispute, lequel ayant respondu en general qu'un homme n'est point obligé
de coopérer a sa mort, neantmoins que le crime
pouroit estre tel, si enorme et si prejudiciable au
public, qu'il seroit obligé de l'advouër. Ledit sieur
de Né s'oublia fort de son devoir et des obligations qu'il nous a, ayant esté nourry et eslevé
parmy nos pensionnaires de Bourges. Car il invectiva puissamment contre cette doctrine, disant
qu'elle estoit heretique et contraire au sentiment
de la Sorbonne. Le Roy commanda au P. Cotton
de mettre nostre sentiment par escrit affin de le
faire voir aux principaux de la Sorbonne. Le P.
Guerin, casuiste de la maison Professe, fut em-

ployé pour deduire le cas, ce qu'il fit avec beaucoup d'addresse, et nos Peres l'ayant communiqué
a M. le Cardinal de la Rochefoucaud, suivant le
commandement qui en avoit esté faict au P. Cotton,
ledit sieur de Né escrivit une dispute trés scandaleuse la dessus par laquelle il taschoit de monstrer
que nos auteurs, et nommement Suarez et Lessius
avoient enseigné une doctrine trés pernicieuse a la
sacrée personne des Roys. M. le Procureur General
nous obligea grandement en cette affaire, suppri-
mant par son autorité l'original de M. de Né, et
respondant pour nous, au Roy, quant au fait de la
doctrine qui avoit esté proposée.

§ XV.

Nous n'estions pas sortis de cet embarras que
satan nous en suscita un autre par le moyen de
M. Favier, maistre des requestes, qui representa
au Parlement un escrit trés odieux contre nous,
tendant aux fins que le P. Cotton eust a luy rendre
son fils, lequel, ainsy qu'il mettoit en faict, nous
avions seduit et ensorcellé d'une trés mechante et
pernicieuse doctrine, luy inspirant la volonté de
massacrer les Roys, et que pour l'engager plus
avant dans les secrets de nostre Societé, on luy
avoit fait changer de nom par la substitution

d'une lettre, l'appelant François Xavier, au lieu de
François Favier, qui estoit le nom de sa naissance.
Il adjoutoit en sa requeste que nous l'avions expressement envoyé a Nançy pour lui donner ce
deplaisir. Nous fusmes contraints de le faire venir
a Paris et condamnés par arrest de le rendre a son
pere. Le P. Cotton et moy le menasmes a la maison
de M. le Procureur General, où le pere et plusieurs
gens d'honneur se trouverent pour le recevoir, ce
qui se fit avec des passions extraordinaires du pere
et de l'enfant, et une modestie non pareille du
P. Cotton qui souffrit sans s'emouvoir, en presence
de plus de cent personnes d'honneur, tous les outrages que la rage pouvoit suggerer a un pere irrité.
L'enfant de son costé, aprez des difficultés merveil-
leuses, fondant en larmes et sanglots, se jetta aux
genoux de M. le Procureur general et a haulte voix
fit vœu de vivre et de mourir Jesuite, ce qui cuida
faire sortir le pere des bornes de la raison. Nous
trouvasmes bon, veu la constance de cet enfant,
qui nous avoit l'espace de 15 jours arraché les larmes a tous, de presenter une requeste a S. M.
qu'il fust mis en sequestre, aprez trois semaines que
Monsieur son pere avoit demandées a la cour. Le
Roy fit l'honneur a M. Favier de l'envoyer querir,
et luy commanda de traitter son fils avec toute sorte
de douceur, luy donnant une pleine et entiere li-

berté pour mettre en effect sa vocation. Le pere
neantmoins le tenoit fort etroittement serré dans son
logis, luy faisant des indignitez incroyables, jusques a luy faire dechirer sur le dos en mille lambeaux la sotanne et les habits qu'il avoit porté. En
quoy cet enfant montra des effects d'une merveilleuse gennerosité, demeurant jour et nuict l'espace
de 15 jours ou trois semaines dechiré et demi nud
au cœur de l'hyver, resolu de mourir plus tost que
de vestir un habit seculier. Nous sceusmes si bien
mesnager le temps, que les trois semaines expirées,
l'enfant trouva moyen de se sauver et sortir de la
maison de son pere pour retourner au noviciat de
Nancy, d'où bientost aprez il fut envoyé en Allemagne. M. Favier plus effarouché que devant se
jetta aux pieds du Roy pour lui demander son
fils et invectiver contre nous. Mais il fut justement
esconduit, et la plus part de ceux qui le soutenoient
dans ses premieres passions le blasmerent d'avoir
traitté son fils si indignement, et Dieu luy toucha
si puissamment le cœur, que depuis il s'est recon-
cilié a nos Peres, et est venu faire sa confession et
sa communion a la maison professe le jeudy
sainct et a donné la benediction paternelle à
son fils.

§ XVI.

Cette traverse nous conduisit jusques sur la fin
du mois de janvier 1626, auquel temps les persecutions redoublerent par deux accidents que je
raconteray briefvement. Environ le 20ᵉ jour de
janvier fut porté d'Allemagne un livret de 15 à 16
pages, qui portoit pour titre : *Quæstiones politicæ,
quodlibeticæ, agitandæ in majori aula Sorbonica,
diebus saturnalitiis, mane et vespere, præsidente
illustrissimo domino Cardinali de Richelieu, sive
de Rupella, anno 1626, cum facultate Superio-
rum.* Ce livret trés ingenieux et plein de venin portoit le nom de M. de Bassompierre en ces termes :
Bassompetræus vidit et approbavit. De deux copies
seules qui furent portées dans Paris, l'une fut donnée
a M. de Metz a l'issuë du Louvre, et l'autre a M. le
lieutenant civil, lequel l'ayant leu le fit voir a M. le
Cardinal de Richelieu, qui d'abord monstra des ressentiments incroyables et fit toutes les diligences
pour sçavoir d'ou et de quelle main venoit cet escrit.
Buon, libraire, homme trés honnorable pour sa qualité et amy de nostre Compagnie, sçachant toutes les
inquietudes de M. le Cardinal de Richelieu, le fut
trouver pour lui faire entendre que c'estoit luy qui

avoit receu le paquet, lequel luy avoit esté envoyé de Nancy avec cette enveloppe qu'il produisit : *A Monsieur, Monsieur Buon, marchand libraire a Paris a l'enseigne Saint-Claude, rue Saint-Jaques, franc de port jusques a Nancy*, et plus bas, *4 sols de port jusques a Paris*. M. le Cardinal voulut s'esclaircir de cette affaire, et pour cet effect il appella le facteur du messager de Nancy pour sçavoir de luy la verité, lequel advouä franchement qu'il avoit apporté ledit paquet a M. Buon, et enquis plus outre d'ou il l'avoit pris, respondit qu'on l'avoit jetté par la fenestre de la chambre basse suivant le style ordinaire usité entre les messagers de France. Ces deux copies desquelles j'ay parlé en firent esclore un millier dans 8 ou 10 jours, n'y ayant bon esprit dans Paris qui n'en voulut avoir copie escrite a la main a quelque prix que ce fust. Nos ennemis ne laisserent point ecouler cette occasion mais tascherent de persuader a M. le Cardinal qu'il venoit de ma veine et de ma plume. Les principaux calomniateurs furent ceux qui ont esté cy-devant nommés, sçavoir : Favereau, Laffemas, Du Moustier, Saint-Remy, Villiers et Saint-Germain, lesquels gagnerent tellement la creance de M. le Cardinal et de ses domestiques, qu'on m'accusoit publiquement d'avoir composé, ou du moins donné des memoires pour la composition dudit

livret. Nos Peres ayant appris les effects estranges
que cette calomnie avoit operé dans l'esprit du Roy
et de M. le Cardinal, furent d'advis que j'allasse
trouver mondit seigneur le Cardinal pour luy faire
entendre mon innocence, ce que je fis le 26 de
janvier. Car l'ayant salué dans Chaillot sur le poinct
qu'il sortoit pour ouyr messe dans l'eglise des Peres
Minimes, je luy protestay que le bruit que ses domestiques faisoient courir estoit grandement prejudiciable et contraire a la protestation que je faisois
publiquement d'estre son trés humble serviteur. A
ces paroles M. le Cardinal me prenant par la main
me dit avec un accent plein de colere : *Ne dites
point, mon Pere, que ce sont mes domestiques;
car plus de* 50 *personnes d'honneur m'ont assuré
qu'homme du monde ne peut avoir faict ce livre
que vous seul.* Sur quoy me trouvant estonné d'a-
bord et prenant de nouvelles forces de mon innocence, je luy donnay pour ostage ma part de paradis, et je luy juray mon salut que j'estois injustement calomnié. Ce jurement prononcé avec grande
force en presence de plus de 50 personnes d'honneur, desabusa l'esprit de M. le Cardinal, en
sorte que me prenant par la main : *Ha, mon Pere,
je le crois et n'en veux point d'autres preuve,
mais quiconque soit, qu'il s'asseure que pour les
interests du Roy j'en sçauray bien tirer justice,*

*car pour ce qui me touche je le pardonne volontiers
et de bon cœur.*

J'adjoutay, pour une entiere justification, que,
graces a Dieu, je n'avois point perdu le sens commun depuis deux mois, auquel temps je luy avois
dedié ma somme de Theologie, taschant de reconnoistre son merite, en termes trés honnorables. Il
repartit : *Je le crois, mon Pere, et n'en soyez
plus en peine.* Neantmoins l'apres-dinée mesme de
ce 26 de Janvier, nous apprismes, par le rapport
de M. le President de Lamoignon, que l'esprit de
M. le Cardinal estoit si fort prevenu de cette
creance, que, tacitement et sous main, il faisoit
faire des enquestes par Laffemas et Favereau qui
se portoit en qualité de denonciateur, ce qui fut
cause que le lendemain 27, le P. Cotton, par l'advis de ses consulteurs, trouva bon de me faire
jurer sur les saints Evangiles et sur la part de mon
salut, de luy dire si, directement ou indirectement,
j'avois contribué a la composition de ce libelle. Je
juray derechef, estant a genoux devant le P. Cotton, mon Provincial et les principaux Peres de la
Maison et du College, que j'estois entierement innocent, et terminay mon jurement par ces paroles,
tenant la main sur le canon de la Messe : *Ita
Deus me adjuvet et hæc sancta Evangelia.* Cela
fait, le P. Coton et le P. Seguiran partirent pour

C.   9

aller a Chaillot trouver M. le Cardinal et luy donner toutes les asseurances, que la Religion et la prudence humaine peuvent donner en ce cas. M. le Cardinal dit froidement qu'il estoit marry de la peine qu'ils avoient pris, et que j'avois tort de me mettre en peine, aprés l'asseurance qu'il m'avoit donnée le jour devant; quiconque fust au reste, l'auteur de ce livret, qu'il s'en repentiroit. Nos Peres luy dirent derechef qu'ils mettroient la main au feu pour soutenir mon innocence. Le P. Segui-ran luy ayant dit qu'il vouloit estre bruslé pour moy, M. le Cardinal se declara plus qu'il n'avoit faict, luy disant : *Mon Pere, je vous conseille de respondre pour vous mesme.* Le P. Cotton ajouta : *In me sit ista maledictio. Car ou il est innocent, ou il est le plus mechant homme du monde, ce que nous n'avons pas recogneu jusques a present*[1].

---

[1] M. Nisard trouve, en cette occasion, que les confrères de Ga-rasse *n'épargnent pas assez les serments... La défense d'un innocent n'eût pas requis tant d'appareil.* Pauvres Jésuites, toujours mal avisés! ils n'ont pas même deviné le moyen dont va se servir M. Nisard, pour excuser le P. Garasse. — *Si Garasse ment,* nous dit-il, *il faut qu'alors il ait complétement perdu la tête, ou que voyant sa Compagnie menacée et à la veille, peut-être, d'être expulsée de France, il ait voulu la sauver, même au prix de son âme. Si cela est, Dieu lui aura sans doute tenu compte de cet excès de charité.*

Voilà un homme bien justifié! Nous demanderons à son avocat si lui-même pourrait se consoler d'un parjure commis par *excès de*

L'aprés-dinée du mesme jour 27, en plein conseil, M. le Cardinal produisit ce libelle, et dit
haultement qu'il sçavoit de bonne part que j'estois
innocent, et que c'estoit une calomnie de nos ennemis, laquelle estant decouverte meritoit d'estre
chastiée exemplairement. Ce tesmoignage deschargea nostre Compagnie, estant donné en presence
du Roy, par la bouche de celuy qui se sentoit le
plus interessé. On ne laissoit pas neantmoins d'assurer que a quelque prix que ce fust, et publiquement, que le lendemain 28, mon livre devoit estre
bruslé par la main du bourreau, en la cour du

---

charité, et s'il ne ferait pas bien de ne point salir les autres, par
une justification dont il serait lui même justement offensé ?

Si cette odieuse justification, si cette morale détestable était celle
de Garasse et de ses confrères, la corde dont le P. Guignard fut si
injustement étranglé leur revenait de droit, et ce n'était pas trop !

Si M. Nisard n'avait pas étudié la morale des Jésuites dans les
pamphlets Jansénistes, ou dans les menteuses plaisanteries de Pascal,
il aurait parlé de Garasse comme le P. Coton : *ou c'est le plus
méchant homme du monde, ou il est innocent*. Or rien, absolument rien, ne peut motiver, ni même expliquer le soupçon de
parjure ; la véracité de Garasse ne pouvait donc pas être mise en question. Faut-il rappeler à M. Nisard cet axiome de droit : *Nemo prœ-
sumitur malus nisi probetur*? Cet axiome n'a pas été inventé par
les Jésuites ; il est aussi ancien que la justice et le bon sens ; mais
il s'agit bien d'axiomes, de justice et de bon sens, quand les Jésuites sont en cause ! Les rendre odieux et ridicules, voilà le but,
et ce but justifie les moyens.

(*Voy.* Nisard : *Gladiateurs, t. II, p.* 353. *Mémoires, p.* 186.)

Palais. Laffemas et Favereau faisoient publiquement des assemblées dans la maison de Saint-
Germain , ausquelles on examinoit tous mes livres
pour en tirer quelque conformité du style , et en
effect ils porterent à M. le Cardinal un papier dans
lequel il y avoit 25 ou 30 conformitez pretenduës,
la plus part si honteuses et ridicules , que mon-
dict Seigneur ne jugea pas a propos de les faire
voir à personne , et si ne laissoit pas neantmoins
d'asseoir son jugement par une preoccupation
funeste , disant a tous nos Peres qui le voioient
que j'avois tort et faisois deshonneur a nostre
Compagnie ; que je me perdrois , s'ils n'y pre-
noient garde , et mettrois nostre Societé en peine.
Favereau et Laffemas passerent bien plus avant.
Car ayant trouvé le moyen de retirer quelques
feuilles escrites de ma main , ils contrefirent mon
caractere et escrivirent une lettre en mon nom a
un imprimeur de Venise , par laquelle je le priois
de m'envoyer une centaine de *politiques,* que
j'avois faictes, lui recommandant sur toutes choses
le secret. Ayant dressé et minutté cette lettre, ils
la porterent a M. le Cardinal, qui la monstra au
P. Cotton pour sçavoir si c'estoit mon caractere.
A quoi le Pere repartit que, sur sa part de Paradis, c'estoit une pure calomnie et une fausseté
digne de mort , luy protestant au reste de m'en-

voyer le lendemain avec des papiers escrits de ma
main , pour decouvrir la verité du faict. J'y fus
trois ou quatre fois, mais en vain , car jamais je
ne sceus aborder mondit Seigneur le Cardinal, pour
luy faire entendre l'imposteure de mes ennemis.
Le Roy cependant et la Reine disoient que c'estoit
moy qui avois composé ce libelle, ce que le
P. Suffren ayant appris par le rapport de ceux
qui hantoient plus franchement la Cour et la Reine
mere , resolut de faire ses plaintes au Roy, et en
effect, la veille de la Chandeleur, devant que de
confesser le Roy, il se jetta a ses pieds luy disant :
*Sire, je demande a Vostre Majesté protection et
justice, de la part de nos Peres qui sont plus persecutez et opprimez maintenant qu'ils n'ont esté
du temps mesme du feu Roy vostre pere de glorieuse memoire, quand il n'estoit pas encore dans
le giron de l'Eglise catholique.* A ces paroles le
Roy se mit en action et dit au P. Suffren d'une
voix puissante : *Si vous estes affligez, vous le
meritez bien. Car pourquoy est-ce que le P. Garassus escrit contre moy et contre M. le Cardinal
de Richelieu?* Le P. Suffren cuida pasmer à ces
paroles, et prenant des forces de nostre innocence, il dit au Roy : *Si le P. Garassus a escrit
ce livre, je veux estre chastié pour luy et subir
toutes les rigueurs de justice. Je prie Vostre Ma-*

jesté de se souvenir de ce qu'elle m'a promis quand j'entray en cette charge, qu'aux accusations qu'on feroit contre nous, elle garderoit une oreille a nostre innocence pour s'esclaircir avec moy. Mais quoy, dit le Roy, *ce n'est donc pas le P. Garassus qui a faict ce livre? Cependant Laffemas me l'a juré.* Le Pere ne laissa pas ecouler l'occasion pour luy faire entendre les qualités de Laffemas, qui avoit esté declaré infame par arrest, luy remonstrant que Sa Majesté estoit obligée en conscience de fermer les oreilles tant a Laffemas qu'a Du Moustier et autres semblables, qui font triomphe de calomnier nostre Compagnie et luy rendre de mauvais offices. Il promit au Pere qu'il n'en croiroit rien plus et que desormais il ne se laisseroit pas prevenir a Laffemas. La Reine regnante nous fit la mesme faveur d'en parler a Sa Majesté et de luy faire entendre que c'estoient des ennemis de nostre Compagnie, qui probablement avoient composé ce livre, pour nous rendre odieux, et qu'il n'y a point d'apparence qu'un hômme qui dit la Messe chaque jour, ait mis la main a un si mechant ouvrage. Si dans la Cour du Roy nous estions persecutez a l'occasion de ce libelle, nos affaires n'estoient pas en meilleur ordre dans la Cour du Parlement. Car ce livre ayant esté bruslé par arrest des Chambres assem-

blées, M. Servin, qui avoit sur le cœur la memoire du Banquet des Sages, invectiva furieuse-
ment contre moy, suscitant les esprits des juges a
un decret de prise de corps. Aprés sa harangue,
un des plus anciens conseillers Ecclesiastiques se
levant en colere, jura le nom de Dieu, que j'en
mourois, s'il estoit un de mes juges. M. le President
d'Osembray et M. Deslandes, Doyen de la Cour,
s'opposerent fortement a la conjuration de Servin,
me donnant advis de tout ce qui s'estoit passé,
le troisieme jour de fevrier, auquel jour je receus
sur le tard advis de me sauver la nuict suivante
d'autant que la brigue de Servin estoit si forte
que le lendemain 4ᵉ de fevrier l'on debvoit asseurement decreter prise de corps contre moy,
et me mettre en la Conciergerie. Nos Peres devant
que de rien determiner trouverent bon d'envoyer
le P. Tacon chez M. le Procureur General pour
prendre son conseil, sur l'advis qui nous avoit
esté donné. Le Pere y fut sur les huict heures du
soir, et ayant faict entendre a mondit Seigneur le
Procureur General l'advertissement qu'on nous
avoit donné, il conseilla a nos Peres de ne rien
changer pour cette nuict, d'autant, luy dit-il,
que le dessein de vos ennemis seroit de donner
l'espouvante au P. Garassus et le rendre criminel
par son absence. Au reste, dites-luy de ma part

*qu'il n'aye point de peur, pour ce qu'en tout cas,
on ne peut decreter prise de corps contre luy que
sur les conclusions des gens du Roy, ou sur les
plaintes de M. le Cardinal de Richelieu, s'il se
rend partie. Or, quoy qu'il puisse arriver je luy
en donneray advis quatre heures devant pour le
moins, et en quatre heures,* dit-il, *on fait bien
de la besogne.* Le bruit courut cependant par
toute la ville de Paris, que j'estois dans la Conciergerie, prest d'estre mené en Greve, opinion
qui s'echauffa si fort dans l'esprit de la populace,
que plus de mille personnes accoururent, qui au
palais, qui vers la Greve, qui dans nostre maison
pour voir s'il estoit veritable. Deux Princes sur
cette rumeur envoyerent a Saint-Louis pour me
prier de me sauver en leur hostel, et ce bruit ayant
esté porté dans l'assemblée du Clergé, on s'apperceut, au discours et au visage de plusieurs
Evesques, un ressentiment et une affection bien
differente. Les uns en triomphoient comme d'une
chose faicte, et les autres en tesmoignoient du
ressentiment et de l'affliction. Ensuitte de ces
opinions, M. le Cardinal et ses domestiques, ou
ceux qui luy pensoient faire plaisir, n'ont laissé
couler aucune occasion durant le caresme passé
de calomnier et d'affliger nos Peres, syndiquant
leurs predications, leur imposant des choses hon-

teuses, leur envoyant, en chaire de verité, des epigrammes impudiques, aprés l'*Ave Maria*, les cou-
doyant et heurtant dans l'estomach a l'issuë de la
chaire, les trompetant et injuriant par les rues
avec des attrocités non pareilles. L'un de ceux
qui s'est porté le plus ardemment contre nous, a
esté cet homme de neant nommé Tarin, Recteur
de l'Université, lequel comme j'ay dit de pauvre
garçon ballieur de classes de la Flesche, et fils
d'un meusnier de Rochefort en Anjou, ayant esté
promeu a cette charge, a tasché par ses ingrati-
tudes d'effacer toutes les obligations qu'il nous a,
prattiquant et mesnageant tous les sujets imaginables pour nous perdre. Celuy-cy donc se presen-
tant le jour de la Chandeleur devant le Roy pour
luy donner le cierge, suivant la coutume, se fit
accompagner d'une trentaine des plus factieux de
l'Université, et aprés avoir dit quatre ou cinq mots
a la louange du Roy, qui est le theme de semblables actions, il se jetta comme tout forcené a
genoux devant Sa Majesté, luy disant : *Sire, je*
suis icy de la part des Universitez de France,
pour vous dire que ce sont les Jesuites, qui ont
composé les livres intitulez: Admonitio ad Regem,
et Quæstiones politicæ. Nous nous presentons a
vostre Majesté, Sire, en qualité de denunciateurs
pour descharger nostre conscience. A ces paroles,

le Roy l'interrompit, disant : *Je suis bien ayse du soin que vous avés du salut de mon estat et de ma vie : passez outre.* Ces paroles assommerent si fort d'estonnement l'esprit de ce jeune garçon, qu'il ne sceut jamais dire autre chose, si ce n'est : *O ciel, ó terre !* et s'egara si loing qu'il appresta a rire a toute l'assistance qui estoit trés belle et trés honnorable. A la sortie du Louvre, s'en retournant tout confus et eschauffé, il rencontra deux de nos Peres, vers lesquels il addressa sa parole de quinze ou seize pas en pleine rue, criant a pleine teste : *Perturbatores Reipublicæ, quousque tandem impune volutabitis ?* A ces paroles, le P. Noirot s'estant pris a sous-rire, il s'eschauffa encore plus et s'escria : *Etiam subridetis, impudentes ?* En somme il fit si bien qu'il cuida causer une sedition, et le P. Noirot avec son compagnon fut contrainct de se sauver dans une maison pour eviter la furie de cet homme enragé.

Des troubles suscités contre la Compagnie à l'occasion du livre de Santarellus.

Le livre du P. Antoine Santarellus qui porte pour titre : *De schismate et hæresi, deque potestate*

Pontificis in puniendis erroribus, etc., arriva de
Rome dans les balles de Sebastien Cramoisy, l'un
de nos libraires, lesquelles ayant esté portées à la
douane et visitées par les marchands jurez, furent
mises en sa boutique le sixiesme jour de fevrier 1626,
où se trouva par une singuliere providence de Dieu
le P. Georges de la Tour, Religieux de nostre
Compagnie, lequel jettant les yeux sur le titre de
ce livre se doubta qu'il y auroit la dedans quelques
propositions mal digerées et scandaleuses pour le
temps. Il pria donc M. Cramoisy de lui mettre tous
ces livres à part et de les lui envoyer à la maison
professe. Il y en avoit six exemplaires. Mais par
malheur un Docteur de Sorbonne, frere d'un de nos
Escoliers de Theologie, en avoit emprunté un exemplaire du frère de M. Cramoisy, environ un quart
d'heure devant que les facteurs ne les empaquetassent
pour les porter au P. de la Tour. On n'eust pas plus
tost receu les cinq exemplaires en la maison professe,
qu'on les distribua à cinq de nos Peres pour les
parcourir promptement. Ledit P. de la Tour tomba
d'abord sur les chapitres trente et trente-un auxquels sont comme entassées les propositions scandaleuses qui nous ont pensé perdre. Le mal ayant
esté decouvert, le P. Cotton fut d'advis de sonder
doucement, s'il y auroit moyen de retirer ce sixieme
exemplaire des mains de ce Docteur de Sorbonne.

Pour cet effect, il appelle le Maistre la Motte, son frere, et luy commande de faire tous ses efforts pour retirer ce livre. Il s'en va trouver son frere qui actuellement estoit sur la lecture de ces deux chapitres, et le voyant entrer, il s'escria : *Helas ! mon frère, je sçais bien ce qui vous amenne icy. Voila un livre qui est capable de vous ruiner entierement.* C'est pour cela, dit Maistre la Mothe, *que je viens pour vous conjurer au nom de Dieu de me donner ce livre ; affin que jamais plus il n'en soit parlé. A la bonne heure,* dit le Docteur, *le voila de trés bon cœur, avec les extraits et memoires que j'en avois faict pour les faire voir a vostre Provincial. D'une chose suis-je marry seulement, c'est que ce matin comme je le lisois est entré dans mon estude un Docteur de Sorbonne des plus animés contre vostre Compagnie, qui ne manquera pas de vous susciter là dessus quelques querelles.* Soit qu'il dit vray, soit que ce fut une défaitte controuvée, vingt-quatre heures ne furent pas plus tost écoulées, que toute l'Université fut abbreuvée de ce qui s'estoit passé. Tarin, le Recteur, le dit le lendemain publiquement dans la salle des Mathurins, le bruit s'espancha dans le Parlement et dans la Cour ; Servin en fit une parenthese trés odieuse en la première occasion qui se rencontra. Nos ennemis s'en alloient a centaine dans les boutiques des

libraires, demandant : *Antonius Santarellus de
Omnipotentia Pontificis*. Nos Peres trouverent bon
par avance de consulter M. le Procureur General
pour voir ce que nous avions a faire.

Ce bon seigneur nous dit que le Roy avoit sceu
la diligence que nous avions apportée pour retirer
les exemplaires, et qu'il nous en avoit loüés, qu'a
son advis nous ne debvions craindre ny pis, ny
mieux que ce qui estoit arrivé du livre de Mariana,
Bellarmin et autres, qui avoient traité les mesmes
matieres; qu'asseurement le livre seroit bruslé par
arrest, et que toute la querelle s'assoupiroit dans
ses cendres. Cette response nous consola aucunement, pour ce que l'effarouchement des esprits et
la malignité de la saison nous faisoient apprehender
quelque plus grand malheur. Comme en effect
nostre crainte ne fut pas une terreur panique. Car
deux jours aprés nous apprismes qu'un President
de la grand'chambre, l'un des plus animez contre
nostre Compagnie, ne pouvant trouver le livre de
Santarelly dans toutes les boutiques de la rue Saint-
Jaques, despescha un homme exprés, a Lyon, pour
en avoir un exemplaire a quelque prix que ce fust.
Son voyage ne fut pas en vain, car dans huict jours
il luy porta le livre, lequel ayant receu, il en fit
faire les extraicts au docteur Filesac, l'un des plus
ardents contre nostre Compagnie. Ces extraicts

communiqués aux gens du Roy, M. Servin se pre-
para pour haranguer, et environ le 4ᵉ jour du mois
de mars, le Roy estant entré au palais pour la veri-
fication de quelques edicts, aprés trois ou quatre
paroles que M. le Chancelier eust dict a la cour par
le commandement du Roy, M. Servin harangua
pendant l'espace d'une bonne demie-heure, et puis
tout a coup estant saisi du raslement de la mort, il
commença si fort a begayer qu'il troubla toute la
Compagnie, et tombant tout a coup aux pieds de
M. le Procureur general, il expira dans le palais,
sans aucun signe de repentance, quoyque ceux
qui ont escrit l'histoire de sa mort et dressé son
oraison funebre ayant dit qu'il ne mourut pas dans
le palais, mais entre les mains de ceux qui le portoient et que passant devant la Saincte Chapelle il
dit en grommelant : *Jesu, fili David, miserere mei.*
Il seroit a desirer qu'il eust faict une telle fin, mais
la verité est telle que je viens de la dire, l'ayant
apprise de la propre bouche de M. le Procureur
general. Et combien qu'il ne soit pas a propos d'e-
riger des triomphes sur la mort de ses ennemis,
nous debvons neantmoins remarquer une grande
providence de Dieu sur nostre Compagnie au decez
de ce personnage; car ceux qui ont visitté les memoires qu'il avoit dans son sein, lorsqu'il mourut,
se sont pris garde que la mort l'avoit surpris juste-

ment au mesme poinct qu'il debvoit passer aux invectives contre nous, sur le subject du livre de Santarelly, ce qui est rendu vraysemblable et confirmé
par la response qu'il avoit faicte, il y a un an, a
M. le Procureur general. Car estant surpris d'apo-
plexie dans le palais, sur la fin du mois de juillet
passé, et visitté par ledit seigneur qui l'exhortoit
chrestiennement de se jetter entre les bras de la mi-
sericorde divine, se secouant et arrachant la main
de dessoubs la sienne, il lui dit en begayant, *non,
non, Monsieur, je n'en suis pas ou vous pensez;
car j'ay encore assez de force pour estrangler un
Espagnol;* et M. le Procureur general luy ayant
reparty en soubriant : *Vous voulez dire un Jesuite.*
Il montra en sa contenance qu'il vouloit vivre et
mourir ennemi de la Compagnie, comme en effect
Dieu l'a pris sur ce desir. Aprez sa mort il se trouva
force jeunes hommes, ennemis de nostre Compagnie,
qui dresserent ses oraisons funebres au grand prejudice de nostre honneur et de la verité; entre les
autres fut un Remy advocat au Parlement, ce qui
est a remarquer, a cause de ce que nous debvons
dire cy-aprez a l'occasion du decez du P. Cotton.
Nous pensions que la mort de M. Servin deut re-
froidir un peu les ardeurs de nos persecutions, mais
l'experience nous fit voir que nos affaires tomberent de fiebvre en chaud mal. Car les extraicts de

Santarelly desquels nous avons parlé cy-devant, et
les memoires de Servin ayant esté communiquez a
M. Talon son successeur d'office, lequel n'a pas de
petites obligations a nostre Compagnie, et qui avoit
dit plusieurs fois au P. Sirmond, que s'il pouvoit
tenir une fois la place de M. Servin, il nous feroit
paroistre les effects de son amitié, se changea
neantmoins si fort, que ses harangues nous firent
desirer son predecesseur. Car il encherit sur les
memoires et sur l'inimitié de M. Servin, si odieuse-
ment que M. le Procureur general fut contrainct
de le tirer par la robbe deux ou trois fois durant
son plaidoyer. Il rapporta non seulement tout ce
qui s'estoit faict contre nostre Compagnie depuis
l'an 1575, mais aussi les plus furieuses calomnies
que nous ayons souffertes en toute l'Europe depuis
nostre naissance, faisant a tout propos la lecture de
ce qu'il pensoit estre le plus propre pour animer
l'esprit des juges contre nous. Car il avoit faict
porter dans le parquet la charge d'un homme, de
livres et de papiers imprimez contre nostre Compagnie. Et en effect le fruict de son plaidoyer fut
un grand et general effarouchement de la Cour
contre nous, et disoit-on publiquement que Servin
en l'espace de 25 ans n'avoit pas tant endommagé
nostre honneur que M. Talon dans une matinée.
La reputation dans laquelle il a vescu fut un sur-

croist de nos malheurs, estant estimé grand justi-
cier. Mais depuis la mort de Servin il a grandement
decousu ses affaires, invectivant contre le Pape,
declamant contre tous les Ordres religieux et ne
laissant ecouler aucun subject pour nous nuire, de
sorte que pour acquerir la reputation de fidelle
serviteur du Roy, il a mal a propos perdu celle
d'homme de bien; et il est generalement recusé
dans toutes les causes des religieux, tesmoing l'op-
position du grand couvent des Peres Jacobins de
Paris en la cause du P. Testefort. Car ces religieux
et le syndic de Sorbonne se jetterent aux pieds du
Roy pour le prier de donner inhibitions et deffenses
a M. Talon de se mesler de quelque affaire que
ce fust de l'Eglise, de la Sorbonne ou des Religieux.

Nous demeurasmes ainsy allarmés jusques au
vendredy 13ᵉ de mars, lequel semble avoir esté le
jour fatal pour nostre ruine et le nombre d'or de
nos persecutions. Car en ce jour nous receusmes
cinq ou six nouvelles l'une sur l'autre, toutes trés
fascheuses, si bien qu'il sembloit que le P. Cotton
fust en cette funeste journée aux mesmes termes,
que fut jadis le prophete Job, pour ce que d'heure
en heure il receut de si cruelles attaques l'une sur
l'autre, qu'elles furent suffisantes de le porter au
lict de la mort. La premiere qu'il receut fut l'ago-

nie de sa sœur unique trés honneste et trés ver-
tueuse Damoiselle, laquelle estant arrivée huict
jours devant, dans Paris, pour des affaires de trés
grande consequence, fut surprise d'un catharre si
violent sur le soir du 12ᵉ de mars, qu'elle en mourut le 13ᵉ au matin, et le Pere en apprit la nouvelle
lorsqu'il montoit en chaire. La seconde qui luy fut
encore plus sensible, luy fut portée à l'issuë de sa
predication, touchant l'affaire du P. André de Voisin, lequel ayant receu commandement de nostre
R. P. General de s'en aller à Fribourg en Allemagne, pour y prendre ordre du Provincial de ce qu'il
debvoit faire, s'en vint a Lyon, tout droit, descendre dans la maison de ses parents. Cette nouvelle
affligea si fort le bon Pere que nous en remarquas-
mes evidemment les signes sur son visage, car il
apprehendoit et non sans subject, qu'il vint a Paris
contre l'exprès commandement du Roy, pour se
justiffier des calomnies qu'on luy avoit imposées,
ce qui ne pouvoit servir que pour aigrir les affaires
et augmenter le nombre de ses persecutions. Nous
le vismes aprez la lecture des lettres que luy en escrivirent le P. Arnoux et le P. Milieu, jetter des
larmes et des sanglots d'amertume; ayant prié Dieu
pour l'ame de sa sœur, il trouva bon d'aller jetter
de l'eau benite sur son corps, et comme il y estoit
environ sur les onze heures, M. le President de

Lamoignon, l'un de nos plus insignes amis, s'en
vint en toute diligence en la Maison Professe, pour
nous porter la troisiesme nouvelle la plus triste de
toutes, et m'ayant vu a la rencontre, sur le pont-au-
double, au retour de ma predication, il fit arrester
son carosse qui alloit a toutes brides vers la Maison
Professe, et se jettant par la portiere, me dit d'une
voix tremblante : *Mon Pere, tout est perdu a
l'heure que je parle; on fait brusler le livre de
Santarelly, et demain on doit donner l'arrest de votre bannissement. Je m'en vais trouver le P. Cotton
pour luy porter cette fascheuse nouvelle, et consulter avec vos Peres ce que nous avons a faire.*
A peine le P. Cotton estoit-il arrivé du logis de sa
sœur, qu'il fut accueilly sur l'entrée de la Maison
Professe, de la nouvelle de ce malheur, laquelle
faillit a le faire pasmer d'estonnement. Et comme
il n'avoit encore rien pris de ce jour la, nous trouvasmes bon de luy faire prendre quelque chose,
et d'aller trouver le Roy pour l'informer de nos diligences au faict du livre de Santarelly. Mais le malheur porta, que ceux qui nous avoient suscité cette
bourrasque trouverent le moyen de faire esloigner
le Roy et d'empescher que le Pere n'eust accez au-
prez de la Reine mere, ce qu'ayant appris, on pria
le P. Suffren d'aller au Louvre, pour voir s'il y
pouroit avoir quelque entrée. De vray, il parla a la

Reine mere, mais il trouva son esprit grandement
prevenu, car il n'eut d'elle autre response ; si ce
n'est que la Cour du Parlement avoit faict son debvoir ; qu'il falloit attendre le retour du Roy, lequel
debvoit estre dans Paris le Dimanche au matin au
plus tard. Le Pere luy remonstra qu'il ne seroit plus
temps de nous secourir, d'autant que les grands
coups se debvoient faire le lendemain, qui estoit le
samedy quatorziesme. *Patience*, dit la Reine, *nous
ne pouvons rien faire en l'absence du Roy*. J'avois
obmis les particularitez de l'arrest porté contre Santarelly, qui furent telles, aprez la harangue sedi-
tieuse de M. Talon, advocat General, les Grand'
Chambre, Tournelle et de l'Edict assemblées, il
fut resolu a la pluralité des voix que le livre d'Antoine Santarelly, seroit laceré, fustigé et bruslé par
la main du bourreau, dans la cour du Palais. Il y
eut quelques juges fort animez qui conclurent que
l'execution s'en feroit dans la seconde basse-cour
de la Maison Professe, tous nos Peres appelez et
presents autour du feu qui s'y debvoit faire. D'autres estoient d'advis de le faire brusler a la fontaine
de Birague, qui est justement au milieu de la rue
Saint-Antoine, tout au devant de nostre Eglise.
Neantmoins un des Presidents qui ne nous a jamais
monstré beaucoup d'affection detourna le coup par
une chrestienne et puissante consideration, pour

ce que nous estions au commencement du Jubilé,
et que nostre Eglise estant nommée la seconde
pour les pardons , il y auroit un abord incroyable
de peuple , qui recevroit du scandale de cette action, au lieu de gagner les indulgences, lesquelles
seroient grandement decreditées par cette execution. Cette mesme raison animoit quelques autres
a pousser plus avant, et l'affluence du peuple servoit de motif a leur passion et a leur animosité pour
ce qu'ils ne demandoient autre chose que nostre
abaissement et confusion. L'affaire alla si avant
qu'on mit en deliberation d'interdire notre Eglise ,
ou de prier Mgr de Paris d'en nommer ou substituer une autre pour la visitte des pardons, affin
qu'on eust le moyen de faire l'execution dans nostre
basse cour, sans scandale. On revint neantmoins
a la premiere resolution, quelque chaleur que M. le
premier President tesmoignast au contraire, et le
livre fust bruslé, comme j'ay dit, dans la cour du
Palais, avec une affluence incroyable du peuple.

Le bruslement du livre estant resolu, on mit en
deliberation trois choses de grande consequence
contre nous.

La premiere fut de nous interdire les chaires de
la predication, qui eust esté un affront insupportable, pour ce que c'estoit sur le milieu du Caresme,
et nous tenions les meilleures chaires, tant de la

ville que de l'Université. La seconde fut de fermer
le college de Clermont, ou a tout le moins de nous
interdire la lecture des haultes classes, retenant seulement la grammaire; la troisieme fut de nous deffendre toutes les confessions d'hommes et de femmes
de quelques estat et qualité qu'elles fussent. A ce
point, M. Deslandes, doyen de la Cour, nostre
unique support en la grand'chambre, s'enleva tout
transporté de colere, et dit avec un courage merveilleux :

*Messieurs, a quoy pensons-nous? Nous avons
entrepris de nous faire moquer de nous par toute
la chrestienté. Car si nous deffendons aux Jesuites les confessions d'hommes et de femmes de
quelque qualité et de quelque condition qu'ils
soient, il fault que nous deffendions au Roy et
a la Reine mere de se confesser au P. Suffren, et
que nous leur nommions un confesseur.* Les salles
et les chambres estoient si pleines, que de memoire
d'homme on n'y avoit veu une si grande affluence
de peuple, ny entendu en la chambre du Conseil
un si grand bruit des Juges. Il estoit presque deux
heures aprez midy, quoyque M. le premier President eust fait retarder l'horloge du Palais pour
avoir plus de temps et de commodité d'assouvir sa
colere.

Il ne fault point passer sous silence l'animosité

de Tarin, Recteur de l'Université, lequel usa d'une si grande diligence a lever l'arrest contre nous, qu'ayant esté donné sur les dix heures du matin, il s'en trouva plus de dix mille exemplaires imprimez a deux heures aprez midy. En sorte qu'on n'entendoit autre chose par les rues et cantons de Paris que le retentissement de mille crieurs subornez par le Recteur et ses supposts, et nos Peres qui alloient par la ville estoient accueillis de toutes sortes de contumélies, de sorte qu'on trouva bon par l'advis du R. P. Superieur de deffendre a tous nos Peres et Freres de sortir des maisons, excepté les predicateurs et les achepteurs, qui estoient contraincts de sortir par pure necessité, et encore fusmes-nous reduits a cette extremité de faire achepter nos provisions par des personnes interposées, parce que l'achepteur de la maison professe cuida estre assommé par des personnes de neant, qui luy deschargerent cinq ou six coups de baston sur les espaules, et luy dirent en reniant le nom de Dieu, que s'ils nous trouvoient le lundy suivant dans Paris, on nous jetteroit tous du Pont-neuf dans la Seine. Le bruit courut aussy que j'avois esté massacré retournant de Saint-Etienne du Mont, pour ce que Desbarreaux, qui m'attendoit a l'issuë de ma predication avec quelques autres puissants ennemis de nostre Compagnie, me firent toutes les

indignitez qu'ils purent, sans me porter neantmoins
aucun coup qui me pust incommoder aucunement.
Donc le samedy quatorziesme du mois, les chambres
assemblées comme le jour precedent, il fut resolu
par un nouvel arrest, qu'on appelleroit les
quatre Superieurs de Paris avec les sept plus anciens Profez qui se trouveroient dans toutes les
maisons, pour leur faire remonstrance et leur prononcer l'arrest, lequel nous ne scavions que trop.
M. le Procureur general, nostre bon et fidelle
amy, ayant receu commandement de nous signifier l'arrest de la Cour, nous le fit scavoir par
un substitut, ne voulant pas nous envoyer un
huissier, comme il le debvoit suivant les formes.
Nous nous assemblasmes pour voir entre nous s'il
estoit expedient de comparoistre, et fut trouvé
bon d'obeir a la volonté de la Cour. On deputa
promptement au college et au noviciat pour faire
venir les Recteurs a la maison professe, doncques
les RR. PP. Cotton, Filleau, Brossault et Ignace
Armand, au lieu du P. Charles de la Tour, superieur de la maison professe, qui par fortune, se
trouva mal, furent pour entendre l'arrest. Car
pour les sept plus anciens Profez, M. le Procureur
general nous fit scavoir par son substitut que la
Cour eust trouvé bon qu'on m'eust envoyé avec le
P. Sirmond et le P. Merat. Mais pour ce qu'il n'y

avoit point de commandement exprez, on trouva
bon de faire mes excuses et de se contenter de ladite deputation, et en effect nous sceumes par
aprez de M. le Procureur general que c'estoit une
finesse de deux Presidents, lesquels s'estant ima-
ginez que le P. Sirmond, le P. Merat et moy n'estions pas de l'advis de Santarelly, serions pour
desadvouer publiquement sa doctrine en pleine
chambre du conseil, et que par ce moyen on pouroit former un schisme dans nostre Compagnie,
touchant la doctrine, qui estoit l'un de leurs principaux desseins. Mais graces a Dieu ils ne peurent
trouver d'ouverture pour decoudre et deschirer
nostre robbe.

Les quatre Peres que j'ay nommez arriverent au
palais sur les neuf heures, et ayant esté accueillis
par six huissiers a la porte de la grand'salle, tout
joignant la Sainte-Chapelle, ils furent menés a la
chambre du conseil a travers une foule incroyable
de monde, qui monstroit en sa contenance leur
porter une compassion toute particuliere. Car en
effect c'estoit un spectacle bien funeste de voir deux
venerables vieillards, tels qu'estoient le P. Cotton
et le P. Ignace Armand conduicts par des huissiers
en qualité de criminels par le milieu de cette
grande salle qu'ils traverserent la teste decouverte,
non par commandement de la Cour, mais pour

satisfaire aux salutations d'une infinité de peuple,
qui les conduisoit avec un œil de pitié. Il n'est pas
a dire pourtant qu'il ne s'y trouva quelques mechants esprits pour leur insulter en leur affliction.
Car Du Moustier et Villiers les appelerent publiquement *Ravaillacs* a la porte de l'audience, d'ou il
cuida se soulever une sedition.

Il est a remarquer que M. le premier President,
qui faisoit tous ses efforts contre nous, taschoit
neantmoins de nous persuader qu'il empeschoit
autant qu'il luy estoit possible le cours des violences, et le P. Ignace Armand l'ayant esté voir sur le
soir de ce samedy, il luy courut au devant et
l'embrassa en disant : *Mon Pere, avez vous remarqué le bon office que je vous ay fait ce matin.
Car, comme j'apprehendois justement que le peuple ne vous fist quelque affront au travers de la
grand'salle, j'ay commandé aux huissiers de vous
amener par la petite salle, dans laquelle vous
n'avez trouvé personne, et j'aimerois mieux avoir
donné un doigt de la main, que s'ils vous eussent
fait traverser la grand'salle; car asseurement il y
auroit eu du scandale.* A ces paroles le P. Ignace
Armand voyant sa feintise, luy dit tout franchement : *Monsieur, nous remercions Dieu de ce
que les huissiers n'ont pas suivy vostre commandement, et nous ont conduicts au travers de la*

grand'salle, et vous asseûre qu'au lieu du scan-
dale dont vous aviez apprehension, nous avons
receu une consolation toute particuliere, voyant
les gestes et les œillades de tout ce peuple qui
nous portoit dans le cœur. Ce repart estonna si fort
M. le premier President qu'il le mit hors de discours, et le P. Ignace nous a confessé que de sa vie
il n'avoit veu esprit en ce desordre et plus surpris
que celuy-la.

Mais pour revenir au fil de nostre discours, les
quatre Peres estant arrivez a la chambre du conseil, on ferme les portes, et M. le premier Président s'addressant au P. Cotton luy demanda comment il s'appelloit, et s'il estoit Superieur des
Jesuites de France? Il respondit qu'il estoit Superieur des Jesuites, non de tout le royaume. Il fut
enquis si les autres Peres qui l'accompagnoient
estoient les Superieurs de nos maisons? A quoy il
respondit que le P. Filleau estoit Recteur du college de Clermont, et le P. Broussault du noviciat
de Saint-Germain, et que le P. Charles de la Tour
n'ayant peu venir a cause d'une indisposition, il
avoit trouvé bon de substituer le P. Iguace Armand,
comme estant cogneu de toute la Cour. Aprez cela
il s'addressa a tous quatre conjoinctement et leur
dit en substance : *Mes Peres, la Cour a desiré que*
vous prissiez la peine de venir icy pour vous

*faire entendre sa volonté a l'occasion d'un livre
de Santarelly, religieux de vostre Compagnie.
Vous estes grands dans le monde, mes Peres, vous
gouvernez la plus grande et meilleure partie de
l'univers; vous commandez dans les chaires; vous
disposez des consciences; vous moulez la jeunesse
a vostre gré, et qui plus est, vous avez l'oreille
quasi de tous les princes. La Cour s'estonne fort
de ce que depuis quelques années plusieurs me-
.chants livres estant sortis au jour contre l'autorité
du Roy, nostre souverain, vous n'avez jamais
declaré vostre sentiment en faveur du prince naturel.* A cela le P. Coton ayant reparty que toute la
France pouvoit estre le tesmoing, comme depuis
une vingtaine d'années qu'il avoit pleu au Roy de
nous rappeller par edict, nous n'avions mis au
jour livre quelconque, auquel nous n'eussions tasché de prendre l'occasion de recommander le Roy
et faire paroistre nostre singuliere affection a son
service. *Il n'est pas question de cela*, dit M. le premier President, *mais de combattre par raisons les
fausses maximes du livre de Santarelly et de quelques autres semblables, qui assujetissent mal a
propos la couronne du Roy au Saint-Siege de
Rome.* Le P. Coton repliqua trés sagement : *Messieurs, nous avons trouvé plus a propos d'etouffer
ces questions par le silence, que de les eventer*

par escrits, parce que si nous en eussions faict des
livres, nous qui sommes françois eussions eu vostre
sentiment, et par consequent nos escrits eussent
esté brulez dans Rome par le commandement du
Pape, comme ceux de Rome sont bruslez a Paris
par le commandement de la Cour; nous avons jugé
trés necessaire de ne separer point ces puissances
souveraines.

La Cour monstra en certaine façon se contenter
de cette response. Mais aussi tost on releva nos
Peres sur le faict de Santarelly. A quoy le P. Cotton
ayant remonstré que nous desadvoüons ses maximes et en avions faict une correction trés authentique dans les principales chaires de Paris, qu'il
sembloit que nous ne debvions en rien tremper
dans la faute des estrangers, qui n'ont rien de
commun avec nous, neantmoins la Cour fit une
grande force sur l'approbation de nostre R. P. General, qui doibt estre comme l'organe de toute
nostre Compagnie. A quoy les Peres ayant respondu
que nous avions usé de toutes les diligences possibles, remonstrant a nostre P. General le danger
auquel nous mettoient de semblables livres approuvés de sa main, et qu'il avoit respondu qu'il
n'estoit plus moralement en sa puissance de refuser
l'approbation aux livres qui avoient esté deument
reveus et approuvez par les Reviseurs de nostre

Compagnie, quand ce sont des livres de l'impression de Rome, qui ont esté examinez par les Officiers de Sa Sainteté. Aprez tous ces discours, M. le P. President leur presenta un billet dans lequel estoient contenuës quatre propositions sur lesquelles la Cour desiroit avoir leur advis et leur approbation. La premiere estoit que le Roy ne tient son Estat que de Dieu et de son espée. La seconde que le Pape n'a aucune puissance sur les Roys ny corrective, ny directive. La troisiesme que le Roy ne peut estre excommunié personnellement par auctorité quelconque. La quatriesme que le Pape ne peut delivrer les subjects du serment de fidelité, ny mettre le Royaume en interdict pour quelque cas que ce puisse estre. Le Pere pria la Cour qu'on leur donnast ces propositions par escrit, et quelque temps pour y deliberer sur chacune d'elles. On leur demanda quel temps ils desiroient. Le Pere requit demie heure, a quoy la Cour s'estant accordée, on commanda aux huissiers de les mener dans une chambre a l'escart, de laquelle ils furent rappellez environ un quart d'heure aprez pour scavoir leurs sentiments. Le P. Coton prenant la parole pour tous les autres, dit qu'ils avoient considéré ces propositions, et que volontiers nous les signerions pourveu qu'il pleut a la Cour de les faire signer a la Sorbonne et a l'as-

semblée du Clergé, qui estoit pour lors convoquée
a Paris. Cette response fut generalement mal prise
de tout le monde pour diverses considerations.
Car la Cour se persuada que nos Peres avoient
faict expressement cette response, scachant bien
les animositez presentes de la Cour et de l'assemblée du Clergé, ou journellement on ne voyoit
autre chose que des excommunications des Prelats
contre le Parlement et des arrests du Parlement
contre les Prelats. La Cour donc s'imagina que
c'estoit une espece de moquerie, a laquelle pourtant il est certain que nos Peres n'avoient pas
songé, et le P. Cotton s'apercevant que son rapport
avoit esté mal pris de Messieurs, tascha de l'adoucir, leur disant que nous estions les derniers
veneus dans l'Eglise, et qu'il n'estoit pas expedient ni honneste, qu'en une affaire de si grande
consequence nous fissions la loy a nos Superieurs et a ceux qui nous devancent, veu nommement que l'an 1614, les Estats Generaux et tout
le Clergé n'avoient pas osé toucher cette matiere.
Ces paroles ne contenterent pas l'esprit de plusieurs et nommement de M. le President de Mesmes
qui se persuada qu'elles s'addressoient a luy,
pour ce qu'il avoit faict tous ses efforts l'an 1614,
estant Lieutenant civil, pour faire passer l'article
du Tiers-Estat, qui fut rejetté par toute l'assem-

blée. La response du P. Cotton fut aussi mal
prise de MM. les Prelats qui trouverent mauvais
que nous missions en compromis nostre creance,
promettant de signer les propositions si on les
faisoit signer a la Sorbonne, mais elle n'avoit pas
esté si cruë que l'on se l'imaginoit. Car le Pere
scachant bien que dans la Sorbonne il y a grand
nombre de Richeristes mal affectionnez au Pape,
il avoit mis la Sorbonne conjointement avec tout
le Clergé de France.

De ces reponses je tire cette consequence, que
tous les escrivains du Mercure françois, sont des
conteurs de sornettes au prejudice de nostre innocence. Car ils ont dressé tout un procez-verbal des
demandes de M. le premier President et des res-
ponses du P. Cotton, auquel je puis dire en conscience qu'il n'y a pas un seul article de veritable;
non plus que ce qu'ils ont raconté touchant la
mort de Ferrier et de Theophile qu'ils ont canoni-
sez aprez leur mort, les faisant passer de ce monde
aprez l'usage des sacrements, et controuvant des
exhortations ausquelles ils ne penserent jamais.
De mesme nature est ce qu'ils ont escrit de la censure de Santarelly et nostre des-adveu, nommant
des Jesuites qui ne furent jamais en nature, et dres-
sant une legende de noms ridicules, qui sont tous
controuvez; bref en tout ce qu'ils ont tousché de

nostre Compagnie, il n'y a rien de tolerable que le faict d'Angoulesme, auquel neantmoins parmy quelques veritez on voit force mensonges pleins d'animosité. Je reviens a nos Peres, lesquels j'avois laissé dans ia chambre du conseil. La Cour leur commanda de se retirer quelque temps, et en leur absence elle delibera si on retiendroit prisonniers le P. Cotton et le P. Armand. L'affaire s'eschauffa si fort que si M. le premier President qui l'avoit proposée, n'eust luy-mesme rompu le coup, asseurement il eust passé a l'affirmative, et les Peres eussent esté retenus prisonniers jusques a l'execution de l'arrest, lequel on minutta le lundy suivant. Les Peres furent congediés environ une heure aprez midy et s'en retournerent a demy morts, surtout le P. Cotton qui nous fit tout le recit que je viens de dire. Mais comme il fut a la fin de son narré, un de nos Peres qui avoit appris tout le contenu de l'affaire d'un conseiller de la grand'chambre luy dit simplement : *Mais, mon Pere, Vostre Reverence ne dit pas tout, c'est qu'on a quasi resolu de la retenir prisonniere, avec le R. P. Ignace Armand.* A cette parole, le Pere qui n'avoit pas sceu cette particularité, moustra de l'estonnement, et puis rentrant dans soy mesme : *A la bonne heure,* dit-il, *j'y fusse demeuré très volontiers; mais Nostre Seigneur ne m'en a pas jugé digne.*

C.   11

Depuis ce jour-la nous le vismes fondre sensible-
ment et seicher de melancholie, quoyqu'on sceut
faire pour luy donner du courage. Le dimanche
matin quinziesme du mesme mois, M. le Nonce
qui avoit appris tout ce qui s'estoit passé, depescha
un courrier extraordinaire au Pape pour l'informer
au vray de toute l'affaire, laquelle il avoit apprise
de la bouche du P. Cotton. Car il le fust voir
en son logis l'aprez disnée mesme du samedy et
demeura avec luy plus de trois heures, ce qui de-
pleut infiniment a la Cour. Estant de retour de
chez M. le Nonce, las et harassé comme il estoit,
il resolut d'escrire au R. P. General, et pour cet
effect il veilla jusques a minuict, et ayant appris
que le Roy estoit arrivé le soir devant, il resolut de
se trouver a sa messe; pour l'informer de tout ce
qui s'estoit passé. Il salua le Roy, mais il ne receut
pas l'accueil ordinaire de Sa Majesté, laquelle se
deffit de luy le plus tost qu'elle peut, ce qui redoubla son affliction. Il traisna tout le dimanche, et le
lundy matin ayant la fiebvre, il voulut neantmoins
prescher, ce qu'il fist sans ordre, sans force, et
n'estant pas celuy qu'on avoit ouy le Caresme. A
l'issuë de sa predication, il se mit au lict avec une
grosse fiebvre. Il n'y fust pas plus tost qu'il receut
un gentilhomme du Roy qui luy portoit commandement de l'aller voir avec le P. Ignace Armand.

Ce gentilhomme le vit dans le lict et ne voulut pas permettre qu'il se levast, disant que telle n'estoit pas la volonté de Sa Majesté qu'il incommodast sa santé avec un danger si evident. Le Pere escrivit au Roy par la main du P. Bertric son compagnon et signa le mieux qu'il pust, disant en substance que s'il y alloit du service de Sa Majesté, il n'y avoit fiebvre qui le peust empescher de se porter a l'accomplissement de ses volontés. Le P. Ignace alla trouver le Roy avec le P. Charles de la Tour, lequel les voyant leur dit d'un fort bon visage : *Mes Peres, vous scavez bien pourquoy je vous appelle. M. le Cardinal vous dira mes volontez.* M. le Cardinal s'addressant au P. Ignace luy dit en peu de mots : *Mon Pere, vous scavez de quoy il est question. Le Roy desire vous proteger, mais il fault que vous vous aidiez de vostre costé. Il trouve bon, par son conseil, de faire dresser un desadveu du livre de Santarelly, lequel vous signerez.* M. de Marillac dressa et minutta ce desadveu en presence du Roy en ces termes :

Nous soubsignez Religieux Profez de la Compagnie de Jesus, des-advoüons la pernicieuse doctrine contenuë dans le 30e et 31e chapitre du livre de Santarelly en ce qui tousche la sacrée personne des Roys, recognoissons que le Roy ne tient le temporel de ses estats que de Dieu seul; promet-

tons de n'enseigner jamais le contraire et de soub-
scrire a la censure de la Sorbonne ou du clergé qui
en pourra estre faite.

M. de Marillac ayant minutté ce des-adveu, il
fut presenté au P. Ignace par M. le Cardinal pour
le signer. Le Pere l'ayant leu, luy dit avec humilité qu'il seroit a propos de le communiquer au
P. Cotton, qui estoit nostre Provincial, puisque
c'est luy qui debvoit authoriser nostre signature.
A la bonne heure, dit M. le Cardinal. *Mais je
vous advise de la part du Roy, qu'il fault signer
cela ou faire estat de sortir du Royaume ; non
que le Roy vous chasse, mais il laissera faire la
Cour du Parlement.*

Le P. Ignace n'eut autre repart a faire, si non
que nous luy rapporterions tout signé par les
principaux de la Nation et du College. *Il suffira*,
dit M. le Cardinal, *que six ou sept le signent,
au plus une douzaine.* Le P. Ignace revint l'aprez-
disnée du lundy 16. Et aprez avoir communiqué
l'affaire aux Consulteurs de la Province et aux
principaux de la maison Professe, il fut arresté
qu'on pouvoit en conscience et en termes generaux signer ce des-adveu, d'autant que, si les
propositions de Santarelly n'estoient fausses, du
moins elles estoient scandaleuses en cette conjoncture de temps et de lieu. Il fut aussy conclu que

la maladie du P. Cotton n'estoit pas telle qu'on deust passer oultre sans avoir son advis et luy communiquer la resolution prise par les Consulteurs et les principaux Peres de la maison. Le P. Ignace fut prié de luy porter la parole, ce qu'il fit avec une grande dexterité, luy celant ce qui pouvoit luy causer de l'affliction, comme estoit la parole de M. le Cardinal de Richelieu, sur laquelle tous nos Peres furent d'advis qu'il falloit signer le des-adveu, pour eviter les maux qui nous pouvoient arriver *et quia erat timor cadens in constantem virum.* Car telle fut la resolution du casuiste de la maison Professe, que nous pouvions signer avec cette modification, quand mesme il y eust quelque danger en la signature, pourveu qu'on donnast advis au Pape et au P. General *ex veris* de tout ce qui s'estoit passé. Le P. Cotton qui estoit dans l'ardeur de sa fiebvre entendit le discours du P. Ignace avec une serenité de visage non pareille, et avec une tranquillité d'esprit insurmontable, et fut d'advis qu'on pouvoit executer le resultat de la consultation qui avoit esté prise. On signa donc le des-adveu en mesmes termes que M. de Marillac l'avoit conceu et minutté. Les Peres qui signerent furent les suivants : le P. Cotton en qualité de Provincial, quoyqu'il eust grande difficulté d'escrire pour

la violence de son mal, le P. Ignace Armand,
a qui les Superieurs defererent le second rang
par respect, le P. Charles de la Tour, superieur
de la maison Professe, le P. Filleau, Recteur du
College, le P. Broussault, Recteur du Noviciat,
le P. Suffren, le P. Garassus, le P. Guerrin, le
P. Guelain, le P. Sirmond, le P. Merat, le
P. Bauny et le P. Petau [1].

Il est vray qu'il y eut quelques-uns de nos Peres
qui trouverent de la difficulté a la signature pour
trois chefs contenus dans le des-adveu de M. de

---

[1] M. Nisard, dans une de ces notes savantes dont il ne se fait
faute, envoie mourir le P. Petau à *Clermont*. — Erreur géogra-
phique — le grand théologien n'est point allé finir ses jours au
milieu de la pittoresque Auvergne, car il a prosaïquement terminé
sa carrière, rue Saint-Jacques, n° 123, à Paris. Jadis, il est vrai,
ce numéro 123 s'appelait *Collége de Clermont* ; plus tard, *Collége
Louis-le-Grand*; puis enfin, par l'Université, notre reconnaissante
héritière : *Lycée Louis-le-Grand.*

M. Nisard ne devait pas ignorer ces changements d'enseigne,
mais les savants ont des distractions ; cela est bien permis, surtout
à l'occasion de l'histoire des Jésuites, l'usage étant de l'étudier dans
les auteurs qui ne la savent point. Et cela se voit, même parmi les
plus savants de nos contemporains : pour en citer un seul, nom-
mons un des meilleurs, et demandons à M. Chéruel où il a été chercher sa définition du *Vatbled?*

Cet éminent éditeur de notre ami le duc de Saint-Simon, a voulu
illustrer l'endroit où le noble Duc prie le P. Le Tellier de renvoyer
son compagnon le Frère Vatbled, afin de rester sans témoins, pour
cet entretien dont il nous fera, en ses *Mémoires*, un de ses plus

Marillac. Le premier est a cause qu'il dit formellement *Que le Roy ne tient son Estat immediatement que de Dieu et de son espée.* Neantmoins a cause qu'elle est modifiée par les paroles suivantes, qui parlent du temporel des Estats, les Theologiens et Casuistes assemblés trouverent que cette proposition pouvoit estre signée en quelque bon sens. Le second chef, qui arresta quelques uns, fut qu'il est dit que nous promettons de souscrire a la censure qui en pourra estre faicte par la Sorbonne. Car, disoient-ils, la Sor-

---

splendides mensonges historiques. Mais, pour aujourd'hui, laissons Saint-Simon mentir à son aise, et lisons, au bas de la page 10 du tome XI, la définition originale du Vatbled, inventée par son savant éditeur M. Chéruel : *Le mot Vatbled était consacré pour désigner le Frère qui accompagnait un religieux.* Cette définition vaut la nôtre : *Le mot Chéruel est consacré pour désigner un savant éditeur de mémoires !*

On voit comment les Jésuites — et cela n'est point rare — sont pour les savants une occasion de désagréments.

Si M. Chéruel tenait à refaire sa définition du *Vatbled*, nous l'inviterions à visiter les caveaux de l'église Saint-Paul-Saint-Louis (ancienne église des Jésuites) : il verrait là, parmi les sépultures de nos anciens, l'inscription du cercueil n° 47, contenant les restes de notre Frère *Louis Vatbled*, né en Picardie, le 3 mai 1663, *compagnon des confesseurs du Roy* (de La Chaise, Le Tellier et de Lynières) *pendant 45 ans; décédé le 12 avril* 1735. Depuis la mort de ce bon Frère on ne trouve plus de *Vatbled*, au moins chez les Jésuites, et les autres Ordres religieux, si nous sommes bien renseigné, n'en n'ont jamais eu.

bonne pourra faire la censure si odieuse que nous ne la scaurions signer en conscience. Neantmoins le P. Ignace qui s'estoit engagé envers M. le Cardinal de Richelieu sur le dilemme qu'il nous avoit proposé, ou qu'il fallait signer ou sortir de France, nous remonstra efficacement qu'il n'estoit plus temps de deliberer et que les principaux ayant signé les autres le pouvoient faire *in fide parentum*, veu nommement la resolution des Theologiens et des Casuistes presents. Pour ce qui estoit de la signature aucunement forcée, laquelle neantmoins estoit veritable, *in bono sensu*, et qu'il suffisoit pour descharger la conscience des particuliers. La troisieme difficulté, qui donna de la peine, fut cette disjonctive : *Nous promettons de souscrire a la censure qui en pourra estre faicte par la Sorbonne ou par le Clergé.* Car, disions-nous, s'il y avait par la Sorbonne et par le Clergé, la chose seroit plus aisée. Mais cette disjonctive, disions-nous, est une manifeste embuscade, dans laquelle on desire de nous surprendre. Toutes choses avoient été meurement considérées par le R. P. Ignace, qui a un sens extresmement bon. Et voyant qu'il y avoit quelque sorte de violence, il pria nos Peres de ne faire aucune difficulté, et nous dit par deux fois les larmes aux yeux : *Cedendum est tempori, Patres mei. Ne donnons point*

cette affliction a nostre R. P. Provincial qui a
signé le premier, et aprez tout souvenons-nous
de Venise. Si nous sortons une fois de France,
nous n'y rentrerons jamais plus, et le service de
Dieu en decherra visiblement. Tous donc signerent sans interesser leur conscience et protesterent
publiquement que la proposition, qu'ils signoient,
estoit veritable en tel et tel sens.

L'acte estant faict authentiquement et en forme,
autant qu'il se pouvoit, le P. Tacon, Procureur
des provinces, fut deputé pour porter nostre signature au Roy, qui l'attendoit avec impatience
mettant a tout propos la teste a la fenestre, pour
voir s'il decouvriroit quelque Jesuite. Et enfin
ayant veu le P. Tacon et son compagnon qui en-
troient dans le Louvre, il se tourna vers la Reine
sa mere et s'escria : *Les voicy, Madame, les voicy,*
et donna deux pistoles a celuy qui luy en apporta
la nouvelle le premier. Le Pere donnant ce papier
a M. le Cardinal de Richelieu suivant sa commission, le Roy y accourut aussy tost pour le lire
entre ses mains. Et aprez avoir parcouru les noms
de ceux qui avaient signé, il dit tout hault : *Je les*
connois tous, excepté deux. Incontinent aprez il
monta a cheval laissant la commission et chargea
M. de la Ville-aux-Clercs de porter nostre signature

le lendemain a la Cour du Parlement avec expresse deffense de passer oultre [1].

Le lendemain qui fut le mardy 17 de mars les

---

[1] Beaucoup de nos contemporains, littérateurs renommés pour écrire dans le grand genre et traiter l'histoire comme il faut, ont essayé de nous donner le portrait de Louis XIII. Ont-ils réussi? C'est une question; et cette question, comme on le pense bien, n'en peut être une pour les littérateurs dont nous venons de faire l'éloge.

Une chose peut expliquer l'insuccès de nos peintres en renom : cette figure royale était difficile à saisir : vue à la distance de deux siècles; à moitié cachée derrière la tête du grand Cardinal et comme jetée dans l'ombre par la gloire de son père et de son fils.

Philippe de Champaigne, le peintre des solitaires de Port-Royal, a reproduit très-froidement sur la toile cette figure terne et ennuyée du fils de Henri IV. Malgré toute son habileté, le peintre des Jansénistes nous a légué, non la vivante image du père de Louis XIV, mais un roi en carton-pierre.

Le P. Garasse n'a point essayé de lutter avec les historiens et les peintres de profession. Avec son pinceau flamand, il nous a donné un petit tableau d'intérieur, où Louis XIII est comme photographié. C'est bien là ce roi passant tristement ses jours au milieu des quatre difficultés, des quatre embarras, des quatre chagrins de toute sa vie — je veux dire : sa mère, sa femme, son frère et son ministre. Marie de Médicis, Anne d'Autriche, Gaston d'Orléans et le Cardinal de Richelieu, c'était vraiment trop pour ce caractère timide, indécis et tant soit peu scrupuleux. Le travail de ses nombreux confesseurs consistait surtout à mettre la conscience de Louis d'accord avec les devoirs de la royauté; mais avec les caractères timides et les volontés chancelantes, le travail est toujours à recommencer. Une foi vive préserva Louis XIII des souillures de la cour, et seul, avec Louis XVI, il partage l'insigne honneur de ne

chambres s'assemblerent a la mesme façon que le
vendredy et samedy precedent. L'animosité de
quelques uns de nos ennemis fut estrange. Car

---

pas avoir scandalisé l'Europe, en lui montrant l'adultère assis sur
le trône de saint Louis ! — scandales inaugurés par le chef des
Bourbons, mais glorieusement interrompus par Louis-le-Juste et
le Roi-Martyr. Cette foi de Louis XIII se révèle tout entière dans
sa première entrevue avec le P. Suffren, où il lui redit par trois
fois ces paroles si dignes d'un roi très-chrétien : *Ayez soin de mon
âme, car je veux me sauver, à quelque prix que ce soit !*

Il fallait donc à Louis XIII contenter tout le monde et sa conscience?
Ceci explique la scène racontée par Garasse, cette scène où il nous
montre le roi de France inquiet, agité, allant et venant, regardant
par la fenêtre du Louvre, non pour découvrir un courrier lui apportant la nouvelle d'une victoire, mais pour voir deux pauvres Jésuites venant remettre au cardinal de Richelieu la déclaration contenant le désaveu des doctrines de Santarelli. Un valet aperçoit le
premier ces Jésuites si impatiemment attendus, il en donne avis ;
le Roi après l'avoir libéralement récompensé de sa bonne nouvelle,
se tourne vers sa mère, et, comme si la patrie venait d'échapper à
sa perte, lui dit avec transport : *Les voici, madame, les voici !*
Puis il court chez le Cardinal voir cette déclaration et la lire entre
ses mains. Heureux de ce grand succès, il monte incontinent à
cheval, pour aller respirer au grand air et savourer plus tranquille-
ment son bonheur.

Louis XIII avait-il eu sérieusement peur de Santarelli et des
Jésuites? Non, mais il avait une frayeur trop réelle de son ministre,
et ce ministre, il voulait le garder et ne pas sacrifier les Jésuites.
Or, il avait entendu cet inflexible ministre leur déclarer son ulti-
matum : *Ou signer, ou partir !* La signature du désaveu conten-
tait le ministre et lui conservait les Jésuites. Le succès était complet.
Mais Richelieu, lui-même, avait-il eu si grand souci du fatras de
Santarelli et de ce bout de papier où douze Jésuites avaient écrit :

ayant appris que nous avions contenté le Roy par
nostre signature, ils se resolurent de faire pis, et
M. de Lomenie, sieur de la Ville-au-Clercs leur

« Il n'est pas permis de tuer les rois, et le Pape ne peut les déposer
pour cause d'incapacité » ? Non, Richelieu n'avait pas ce souci, mais
il voulait une chose, il y tenait : c'était de faire plier les Jésuites
sous sa volonté. Les chasser n'entrait point dans son plan, mais il
les voulait souples et, chez eux, comme partout, il ne voulait pas
de résistance. Un seul Jésuite osa lui résister; il le brisa, pour intimider les autres. Le P. Caussin sentit toute l'âpreté de cette volonté dont les excès ne furent jamais tempérés par les mouvements
du cœur.

La probité, le courage du P. Caussin le firent exiler, et cet exil
fut sa gloire. Son seul tort est de n'avoir pas assez compris la nécessité de souffrir pour le Corps dont il faisait partie et pour le salut
de ses frères. Sans cesse préoccupé de l'injuste despotisme de Richelieu, il s'afflige de ne pas voir ses frères épouser sa querelle.
Devaient-ils donc lutter inutilement en sa faveur, avec la certitude
de se voir traiter comme lui, quand la conscience ne leur demandait pas cet inutile sacrifice?

Cette erreur du P. Caussin ne nous empêche pas d'admirer son
zèle, son courage et son éloquence : ces qualités se montrent dans
sa correspondance déjà mise au jour, du moins en partie, par le
P. Ch. Daniel. Nous donnerons ici trois ou quatre fragments d'une
autre lettre ou plutôt d'un mémoire adressé à Richelieu, et publié
longtemps après la mort du persécuteur et du persécuté. De leur vivant, on le verra, cette publication était impossible.

Le P. Caussin voulait à tout prix ouvrir les yeux de Louis XIII sur
ses royales obligations : c'était indirectement renverser les projets
de Richelieu; mais l'habile politique devina bien vite les intentions
de Caussin et l'éloigna rudement de son royal pénitent. Voici le récit
de l'exilé :

« ..... J'eus l'honneur, écrit-il à Richelieu, d'entretenir Votre

ayant porté le papier par le commandement du Roy, sans y avoir aucun egard prononcerent un arrest contre nous, qui contenoit trois ou quatre

---

« Eminence..., et quoique je sois peu façonné aux dissimulations
« de la Cour, je m'aperçus bien que les nuages s'assemblaient en
« votre cœur pour faire de l'orage contre moi. Sur ce point le Roi
« survint, et vous me dites qu'il n'était pas à propos qu'il nous vît
« ensemble..... »

Après avoir raconté comment Richelieu empêcha son entrevue avec le Roi, le P. Caussin continue :

« Dieu sait avec quelle sincérité et quel courage je me préparais
« à plaider la cause de Dieu et du public en vos présences, sans
« être ébloui des rayons de deux pourpres si confusément unies :
« mais Votre Eminence rompit le coup et ne s'estima pas assez
« forte avec tous les régiments de France, pour soutenir la vérité
« qui venait à elle toute nue et portée sur les lèvres d'un seul
« homme. Vous me fîtes réponse incontinent, par les arguments
« les plus familiers à vos pouvoirs et les moins glorieux à votre ré-
« putation, qui sont les bannissements et les proscriptions ; ensuite
« je fus livré aux ministres de votre justice, et mené par la France
« comme prisonnier d'Etat jusqu'au lieu de mon exil. Dès lors, je
« m'estimai consacré, me voyant persécuté pour la justice ; et,
« n'ayant rien à plaindre en moi, je plaignais pour Votre Eminence
« qui s'opposait à son salut. Je pleurais sur ce cher Prince, qui
« fermait la porte que j'avais ouverte à son bonheur, et pour dé-
« charger aucunement mon cœur, j'écrivis sur le champ une let-
« tre à M. Desnoyers, par laquelle je protestais que j'avais vécu à
« la cour en homme de bien, et je puis dire en homme de Dieu,
« avec un esprit épuré de toutes factions, ce que la visite de mes
« papiers avait assez manifesté ; mais qu'ayant mûrement considéré
« le devoir de ma charge et imploré le secours du ciel, j'avais dit
« au Roi les choses que je ne pouvais taire sans me damner, et
« que pour cela j'étais traité comme un prisonnier d'Etat, banni

chefs fort importants. Le premier, que nous ferions
un des-adveu du livre qui s'appelle *Admonitio ad
Regem*, en mesmes termes et mot pour mot aprez

« d'un exil de déportation et relégué aux extrémités de la France ;
« que je bénissais Dieu de tout, et que je demandais seulement
« qu'ayant vécu toujours en bon Religieux, on me laissât sous les
« ordres de mon Révérendissime Père Général. M. Desnoyers, qui
« vous rend une obéissance si aveugle, ne manqua pas de vous
« porter ma lettre, comme j'avais prévu, et Votre Eminence se
« piqua d'une ardente colère, sur ce mot de *damner*, et s'étonna,
« comme, dans la servitude du temps, qui lie les langues et accable
« les puissances, j'avais la hardiesse de damner les Ministres d'É-
« tat ! Mais je ne suis pas si téméraire que de condamner personne
« aux enfers, sachant bien que la miséricorde de Dieu a toujours
« les bras ouverts à la pénitence : j'ai seulement voulu dire que
« si Votre Eminence ne remédiait aux désordres et aux calamités
« de la chrétienté, qu'elle avait causés, et que de ma part je fusse
« assez lâche que de céler au Roi les obligations de sa dignité, nous
« étions tous deux en hazard de perdre le salut éternel, etc...

« Il y a une infinité de gens qui parlent tous les jours à votre
« fortune, permettez-moi de parler une fois à votre conscience...

« J'ai honte de dire ce que toute la France publie, que Votre
« Eminence est continuellement poussée à toutes ces violences par
« l'esprit du P. Joseph, que tous les meilleurs religieux de ce
« grand et saint Ordre (des Capucins) tiennent pour un prodige, et
« les bons Français pour le mauvais génie de la France. Ce sera
« une chose aussi difficile à croire que les enchantements de Mau-
« gis, quand on racontera à la postérité, qu'un homme de qui
« l'habit ne portait que la pénitence et la paix, ait fait rouler sous
« son capuchon toutes les guerres d'Europe, entre les princes chré-
« tiens. Il a commencé par de beaux songes, quand il croyait ren-
« verser la monarchie des Othomans, avec les forces du duc de
« Nevers ; mais il travaillait alors sur des chimères et ne gâtait

la censure qui en avoit esté faicte par la Sorbonne. Le second que le provincial de France commande-roit aux autres provinciaux du Royaume, de le

---

« rien. Depuis que vous lui avez donné de l'étoffe, il a pris des idées
« de conquérant, qui nous coûtent bien cher. Il s'est promis de gou-
« verner la France comme un noviciat de Capucins, et de donner à
« tout le monde la pauvreté qu'il a perdue dans les allées de Ruel.
« C'est un vrai empirique d'État qui ne cesse encore de jetter le souf-
« fre et les eaux brulantes dans les plaies de l'Eglise affligée. Il excite
« des tempêtes et sur mer et sur terre; il brouille incessamment
« les affaires et a si bonne opinion de sa suffisance, qu'il croit faire
« un déjeuner de la maison d'Autriche et un souper du Grand-
« Turc, quoi qu'il soit de ses bons amis. C'est pour cela qu'il se
« flatte de l'*Eminence* et que de tous les points de la Passion, il
« ne médite rien si dévotement que la pourpre, etc...

« Dieu m'est témoin que je ne dis pas ceci par inimitié, mais
« par une horreur que j'ai du vice et des vicieux, afin que tous les
« religieux considérant son malheur, retirent le pas d'un gouffre
« où il s'est abymé.

« Mais enfin, quelle sera l'issue de cette longue et horrible tra-
« gédie? Ne pensez-vous point qu'il y ait sur votre tête, un Ciel,
« un Dieu, une Providence? On voit tant de grands arbres qui sont
« des siècles à croître et tombent en un moment. Les prospérités
« du monde sont de belles médailles qui ont quelquefois des revers
« bien hideux et bien effroyables. Tout est branlant ici-bas; mais
« il n'y a rien de plus instable que le bonheur des favoris, qui
« après avoir fait les Césars, ont servi bien souvent de jouet aux
« peuples et de déclamation aux Ecoles. Toutes les histoires sont
« teintes de leur sang et tous les siècles remplis de l'horreur de
« leur mémoire. »

Le P. Caussin continue longtemps sur ce ton et dans ce style peu propre à calmer les nerfs de l'irritable ministre. Avant de terminer il a soin de déclarer à Son Eminence, en lui adressant *ces lignes—*

faire signer par les principaux Peres de chaque
maison de la province, et le troisieme que le provincial de France donneroit charge a deux Peres de

---

mot bien placé à la 77° page d'une lettre ! — comment sa Compagnie n'est pour rien dans ces respectueuses observations : *Votre
Eminence sait, que ce n'est point par le conscntement des Nôtres
que je lui adresse ces lignes.* Sur ce point Richelieu n'était pas
difficile à convaincre.

Le P. Caussin revint cependant de Quimper, où le temps lui
paraissait un peu long ; mais Richelieu, inutile de le dire, avait
chargé sa pourpre contre un linceul et rendu ses comptes à Celui
qui juge les justices.

Richelieu, on le sait assez, voulait une seule volonté en France,
la sienne, bien entendu. Il lui fallait des hommes intelligents, mais
façonnés à l'obéissance ; il crut en rencontrer parmi les religieux.
N'ayant point trouvé les Jésuites d'une pâte convenable, il chercha
dans les cloîtres et mit la main sur deux serviteurs comme il lui
en fallait : les Capucins lui abandonnèrent le P. Joseph et les Domi-
nicains le P. Carré. Ce dernier n'a point la célébrité de l'immortel
Capucin ; mais il fut peut-être plus utile.

L'invention, la découverte, la mise en scène du P. Carré est la
gloire de M. Cousin, nous nous plaisons à le reconnaître.

M. Cousin devenant vieux ne s'est point fait ermite. Après avoir
illustré sa vie, par l'importation des brouillards philosophiques
d'Outre-Rhin, il a laissé toutes ces philosophies transcendantales
pour les réalités de l'histoire. Il a fait des livres sur les grandes
dames du XVII° siècle et mis en relief des religieux plus ou moins
ignorés. On l'a vu, pour compléter ses études historiques, frapper
à la porte des couvents de Paris. Si le pieux visiteur de commu-
nautés n'est pas entré chez les Jésuites, ce n'est point, nous le
voulons croire, dans la crainte d'y être mal reçu !

M. Cousin exprime ses regrets de n'avoir pu mettre la main sur
les lettres du P. Caussin. Voulait-il s'en servir pour les opposer à

sa province d'escrire nostre sentiment touchant la doctrine de Santarelly, l'un en françois et l'autre en latin, et que dans 8 jours les escrits seroient portez au greffe de la Cour.

---

celles du P. Carré et par là faire ressortir plus vivement l'indépendance du Jésuite et la mollesse du Dominicain ? Nous ne savons. Mais en publiant ses trouvailles, aux *Archives des affaires Etrangères*, M. Cousin n'a-t-il pas senti courir sur ses lèvres un sourire de malignité ? Pensait-il ajouter à la gloire de Richelieu en montrant au public ces lettres du P. Carré où, disons le mot, le servilisme atteint la plus parfaite platitude !

Pour justifier notre affirmation, copions une de ces lettres livrées par M. Cousin à l'indignation du public et plus encore à celle des vrais et légitimes enfants de saint Dominique.

Nous choisissons la lettre où le P. Carré envoie à Richelieu son *vœu d'obéissance*, en manière d'étrennes pour le 1er janvier 1636 :

« Monseigneur,

« Pour les mêmes raisons qui m'ont conduit ces années précé-
« dentes à me jeter aux pieds de Votre Eminence pour me consacrer
« à Elle par un lien indispensable d'obéissance, que je lui ai fait et
« signé de ma main, je prends la hardiesse au premier jour de
« celle-ci de lui faire et renouveler la même promesse de perpétuelle
« obéissance qu'elle a daigné recevoir de mon cœur et de ma main
« par ci-devant, l'assurant que ce n'est point pour aucune raison
« humaine, espérance ou crainte temporelle que je le fais, mais
« seulement pour obéir au sentiment supérieur qui m'y porte, le-
« quel m'a été communiqué de Dieu en l'oraison, où sa bonté in-
« finie m'a fait connaître vos vertus et la sainte intention qui vous
« gouverne et dirige toutes vos actions. Et partant, constitué en la
« présence du même Dieu, de la glorieuse Vierge Marie, de notre
« bienheureux Père saint Dominique, de tous les Saints et Saintes
« du paradis : *Ego Frater Joannes-Baptista Carré, Ordinis*
« *prædicatorum, vestri novitiatus generalis Prior, voveo et*

C.   12

En attendant, le P. Cotton plus malade d'affliction d'esprit que d'infirmité de corps, se leva le
mardy 17 de mars pour dire la sainte messe et recommander l'affaire a Nostre Seigneur, ce qu'il fit

---

« *promitto obedientiam tibi*, *domino eminentissimo Armando*
« *Cardinali Duci de Richelieu*, *usque ad mortem*. C'est le seul
« et unique présent que je puis faire à Votre Eminence que de me
« donner et dédier entièrement à son service, la suppliant en
« toute humilité de ne vouloir rejeter cette étrenne, comme in-
« digne de son acceptation, l'assurant qu'elle possède le corps de
« plusieurs, pour l'exécution de ses commandements, mais que je
« ne crois pas qu'elle aye plus leurs affections entières qu'elle pos-
« sède les miennes. Nous sommes céans en continuelles prières
« pour votre prospérité et santé et le très-heureux succès de tous
« vos desseins.

« ..... Je proteste à Votre Éminence que si notre Père Général
« s'est tant oublié que d'avoir fait ou dit quelque chose contre le
« service de Sa Majesté ou de Votre Éminence, dorénavant *il ne*
« *me sera plus rien*, *in omnibus et per omnia*, que suivant les
« commandements ou ordonnances de Votre Éminence qui sera,
« s'il lui plaît, toute sa vie, mon Général, et de tous ceux qui me
« voudront croire, etc...

« Votre très-humble, très-affectionné, très-obéissant, très-
« obligé et très-fidèle serviteur, en Jésus-Christ, jusques à la mort.

                    « F.(rère) Jean-Baptiste Carré,
                        « Rel. ind. Ord. Prædic.

« Au noviciat général, 1er jour de l'an 1636. »
(*Voy. Cousin, Mad. de Hautefort, p.* 369.)

Voilà donc un Religieux se faisant le très-humble valet de Richelieu, lui offrant un vœu ridicule et lui promettant d'envoyer pro-
mener son Général, s'il venait à déplaire au ministre de Louis XIII !
M. Cousin sera content de nous : nous avons transcrit cette vilaine
page, mais sans craindre de voir rejaillir cette souillure sur l'Église

par une devotion extraordinaire, et ayant celebré
la sainte messe, il se remit au lict a l'instante priere
que nous luy en fismes. Il ne faut pas oublier une
action signalée qui redoubla son mal, a ce qu'il
confessa luy mesme, pour ce que traversant nostre
seconde basse cour, qui estoit pleine de monde a
cause du jubilé, il s'aperceut qu'un larron coupoit
la bourse a une dame de qualité, et le saisissant
au collet, il s'eschauffa, luy faisant une verte reprimande, priant neantmoins la dame interessée et
ses serviteurs qui en vouloient faire justice de luy
pardonner. Il est vray qu'on le luy promit, mais
aussy tost qu'il fut entré dans la chappelle, ce
pauvre homme faillit d'estre assommé de coups
dans nostre basse cour, quelques instantes prieres
que nos Peres en sceussent faire, y accourant de
toutes parts et sortant des confessionnaux, des salles
voisines pour apaiser le tumulte.

L'aprez-disnée du mardy M. Deslandes et M. le

---

ou sur l'Ordre de Saint-Dominique. Laissons fusiller les déserteurs
par la main de M. Cousin. L'exécution des traîtres afflige une armée,
mais elle l'épure et la fortifie.

Si au lieu du P. Caussin, M. Cousin avait trouvé un P. Carré
parmi les Jésuites, en aurait-il gémi? Nous n'osons le supposer
quand nous le voyons essayer d'égratigner le P. Binet pour ses formules de politesse : formules hors d'usage depuis 89, mais parfaitement admises, sans tache de servilisme, au temps où vivait
l'ami de saint François de Sales.

Procureur General nous envoyerent dire en particulier et en amis, les clauses de l'arrest, esquelles
nous, ayant trouvé quelques choses a redire pour
l'exécution, nous priasmes M. le Procureur General de remonstrer a la Cour les deux articles suivants. Le premier qu'il n'estoit point a la puissance
du Provincial de France de commander aux autres
Provinciaux. Le second, qu'il estoit hors de son
pouvoir d'assigner deux hommes qui peussent en
si peu de temps traicter et approfondir une matiere de si grande importance, et que nous jugions
que la Cour nous avoit donné trop peu de temps
pour escrire, veu nommement que ceux qui le
pouvoient faire avec quelque honneur estoient
occupés ou a leur predication du Caresme, ou a
leur leçon de theologie. La Cour eut grand égard
a leurs remonstrances, et pour le premier article
ordonna que le Provincial de France procureroit
que les autres Provinciaux fissent signer nostre
des-adveu, sans user du terme de commandement. Pour le second, elle nous donna terme de
trois semaines ou environ pour escrire en latin et
en françois, et porter nostre escrit au greffe le
lendemain de la *Dominica in Albis*.

Nous cependant qui avions une affliction domestique en la personne du P. Cotton, voyant qu'il
alloit tousjours en decheant, fismes une assemblée

des six principaux medecins de Paris, sur les six
heures du soir pour consulter son mal et pour-
voir aux remedes, tous lesquels, avec nostre frere
Leonard Chauvin, Apothicaire de la maison Professe, homme trés expert en son art et trés judicieux, resolurent d'un commun consentement que
sa maladie estoit mortelle, et que selon le cours
de la nature il ne pouvoit vivre que huict ou dix
jours, qu'il falloit cependant le traicter comme
une personne mourante, ne luy permettant plus
de se lever, ny de penser a ses predications, ny
beaucoup moins de remplir son esprit des affaires
presentes. Cette nouvelle affligea extresmement nos
Peres; il n'y eut personne qui n'en cuida pasmer
de douleur et d'estonnement. Il passa neantmoins
la nuict suivante avec assez de repos, et le lendemain 18 du mois il pria trés instamment nostre
frere Leonard de luy permettre de se lever pour
dire la Messe dans la chappelle des Anges, qui
est la chappelle domestique, a quoy ayant eu response que les medecins l'avoient deffendu expressement, il mit son esprit en repos. Tout le mer-
credy se passa trés paisiblement dans nostre
maison, quoyqu'avec une melancholie et tristesse
incroyable. Sur les deux heures aprez midy le
P. Cotton, qui scavoit la teneur de l'arrest, estoit
dans une extresme impatience, voyant qu'on ne

luy signiffioit point la volonté de la Cour. Nos
Peres entrerent en consultation avec les medecins,
s'il estoit expedient de luy en parler, et la conclusion fut trés sagement prise que pour eviter plus
grand mal et remedier aux soupçons de la Cour,
qui pouvoit ignorer sa maladie, on luy signiffiroit
l'arrest en propre personne. L'huissier donc estant
arrivé sur les cinq heures du soir, les deux principaux medecins du Roy estans dans la chambre du
malade, il fut prié d'entrer luy mesme et luy
prononcer l'arrest en propre personne, affin qu'il
peust rapporter a la Cour l'estat auquel il l'avoit
veu. Le Pere ayant appris que l'huissier estoit
dans l'antichambre, pria les Peres et les medecins de luy permettre de se lever, affin d'entendre
avec decence l'arrest de la Cour, les medecins ne
luy voulurent permettre; mais seulement de se
mettre sur son seant avec la robbe sur les espaules. L'huissier donc estant entré luy demanda
pardon et luy fit tous les compliments d'un homme
d'honneur et amy de la Compagnie, comme il
estoit en effect; il fit la lecture de l'arrest tout au
long, qui dura l'espace d'un quart d'heure ou
environ. Et quand il vint a cette clause de la fin,
*ou autrement il sera procédé contre eux, comme
contre criminels de leze-Majesté et perturbateurs
du repos public,* nous vismes le P. Cotton san-

glotter et soupirer profondement. L'huissier ayant
faict sa charge, luy demanda s'il avoit quelque
chose a respondre, et luy, ayant respondu en ces
propres termes : *Nous obeirons a la Cour et exe-*
cuterons l'arrest selon la volonté du Roy, l'huissier qui tenait sa plume pour escrire, dit tout bas
a un de nos Peres : *Priez le P. Cotton de ne*
rien respondre, mais de faire seulement un geste,
et qu'on me laisse faire le surplus. Car asseure-
ment la Cour gloseroit sur sa response quelle
qu'elle fust. Le Conseil fut trouvé trés bon et
comme venant d'un amy particulier de nostre
Compagnie. Le Pere donc ayant respondu par
quelques gestes et congédié l'huissier le plus
honnestement qu'il luy fut possible, nous dit en
presence des medecins nommez cy-dessus, ayant
les larmes aux yeux : *Hélas! faut-il que je meure*
comme criminel de leze-Majesté et perturbateur
du repos public, aprez avoir servy deux Roys
de France, l'espace de vingt ans, avec tant de
fidelité! Nos Peres ne trouverent point de paroles
pour respondre a cette affliction. Mais M. Seguin
s'avançant, luy dit amiablement : *Mon Pere, nous*
n'en sommes pas là! Vous n'estes point en estat
de mourir, et beaucoup moins comme criminel
de leze-Majesté. Je vous promets de raporter au
Roy vostre bonne volonté et deposer en toutes

bonnes Compagnies, *ou je me trouveray*, *vostre affection et vostre fidelité envers le Roy et la France*. J'oubliois une circonstance. C'est que le Pere ayant appris que l'huissier estoit a la porte de la chambre, et luy ayant esté permis de se mettre en son seant, comme il ne touchoit pas des pieds a terre, un de nos freres pour le soulager accourut pour luy apporter un escabeau et n'en trouvant point en toute la chambre, luy mit un fagot sous les pieds, de quoy M. Seguin s'estant aperceu tascha de dire quelque mot pour rire et luy donner du divertissement, et estant sur son depart il luy dit ces propres termes : *Je m'en vais de ce pas au Louvre et tesmoigner a toute la Cour, que j'ay veu soubs les pieds du R. P. Cotton un oreiller d'une nouvelle façon qui n'est pas a la mode*. En effet, le Pere s'en prit a soubs-rire, et la chose estant rapportée a la Cour de la Reine mere, causa beaucoup d'estonnement, chacun glosant sur cette affaire, et la plus part la rapportant a nostre extresme pauvreté de la maison, dans laquelle il ne s'estoit pas trouvé un escabeau pour mettre soubs les pieds d'un tel homme.

La nuict suivante se passa dans de grandes inquietudes. Car le Pere se leva plus d'une vingtaine de fois, entrant et sortant de son anti-chambre, dans sa chambre, contre sa coustume, et environ

la minuict, nostre frere Leonard, qui s'aperceut
d'un notable changement, luy ayant recommandé
de se tenir en repos et de penser à Dieu, cette derniere parole lui frappa l'esprit : *Eh quoy*, dit-il,
mon frere, suis-je proche de la mort ? Leonard
luy ayant repondu qu'il avoit esté condamné par
six medecins, et qu'a son advis il n'avoit pas cinq
ou six heures à vivre, quoyque les autres luy eussent donné cinq ou six jours, il rentra fort puissamment en soy-mesme, fit appeller le P. Bertric, son
compagnon, auquel il se confessa a deux genoux,
puis ayant demandé quelle heure il estoit, et s'estant enquis de nostre frere Leonard, s'il lui restoit
assez de temps pour se communier en presence de
nos Peres et Freres. Comme il eust respondu qu'asseurement il avait encore assez de force pour communier sur les cinq ou six heures, il commanda
qu'on luy appellast le P. Ignace Armand et le
P. François Tacon, procureur de nos Provinces.
Celuy-cy estant arrivé le premier comme logé le plus
proche de la chambre, il luy recommanda toutes
nos affaires, d'un sens fort rassis; puis s'adressant
au P. Ignace, luy dit avec une grande tranquillité
d'esprit : *Mon R. Pere, puisque Dieu m'appelle*
en cet estat et au fort de nos affaires, je vous
remets la Province entre les mains, l'ayant receu
de vous, et vous declare, s'il vous plaist, Pro-

*vincial, jusques a ce que autrement en soit ordonné
par nostre R. P. General.* Le P. Ignace respondit
premierement par ses larmes, et puis se jettant sur
les excuses et sur la lassitude de son aage, pria le
R. P. Cotton de l'exempter de cette corvée, a quoy
neantmoins ledit Pere ne voulut consentir, et luy
dit en termes fort efficaces et pressants :

*Mon Pere, vous voyez l'affliction en laquelle je
meurs. Je vous prie, n'augmentez pas ma douleur
par vostre refus.* A cela le P. Ignace n'eut que
repartir et le P. Cotton luy ayant demandé sa benediction, comme le P. Ignace faisait difficulté de la
luy donner, *quia*, luy disoit-il, *minor non bene-
dicit majori : Souvenez-vous, mon Pere, que j'ay
esté vostre disciple, et en cette qualité ne me refusez pas ce que je vous demande.* Le P. Ignace la
luy promit a cette condition, qu'il donneroit la
sienne a toute la maison. L'un et l'autre estant faict,
le P. Cotton demanda quelle heure il estoit, et puis
luy ayant respondu qu'il estoit prés de quatre
heures : N'est-ce pas aujourd'huy le jour de saint
Joseph, et puis repondant a soy mesme : *Helas,*
dit-il, *je me souviens que j'en dis hier au soir les
Vespres*, et demandant son breviaire, il voulut,
quelque force qu'on luy sceut faire au contraire,
reciter son office et dire les matines de saint Joseph,
s'il ne luy estoit pas possible d'arriver a Complies. Il

entendit les deux premiers Nocturnes avec le P. Bertric, son compagnon, et n'en pouvant plus, il fut forcé de quitter le breviaire. Aprez cela il appelle nostre frere Leonard, et luy commande de faire venir tous nos freres coadjuteurs de la maison et les trois Novices qui servent aux Messes; neantmoins s'estant aperceu que c'estoient trois enfants, dont le plus aagé n'avoit pas 16 ans, il commanda qu'on les laissast reposer jusques a cinq heures, et qu'a leur reveil on les fist venir dans sa chambre. Donc les freres coadjuteurs et les novices estant venus, il leur dit qu'il y avoit longues années qu'il esperoit de mourir un jour de saint Joseph, et que graces a Dieu il voyoit sa requeste enterinée, mais que ne pouvant avoir cette consolation de dire la sainte Messe, pour se disposer a un si grand voyage, il les prioit au nom de Dieu de luy donner la communion de ce jour. Le P. Bertric alla dire la Messe et communier tous nos freres a son intention, et puis en leur compagnie, il luy porta le Saint-Sacrement de l'autel, qu'il receut avec une devotion et sentiment du tout angelique. Car, ayant ouy le son de la clochette, il se leva du lict en terre et salua Nostre Seigneur avec ces paroles : *Unde hoc mihi ut veniat Dominus meus ad me ?* Il voulut dire luy-mesme le *Confiteor*, et repondre a la benediction du Prestre, puis sentant ses forces defaillir, il

dit : *Je crains de ne pouvoir consommer toute
l'hostie, je vous prie de m'en donner le moins que
vous pourrez.* Le Pere luy en donna environ la
sixiesme partie, laquelle il consomma a genoux et
fit son action de graces l'espace d'un demy quart
d'heure, supporté sur deux de nos freres. Pendant
que nous estions en sa chambre, tous les larmes
aux yeux, il receut l'Extresme-Onction jusques a la
moitié ou environ, et jettant deux effroyables sanglots et ouvrant la bouche d'une façon extraordinaire, il expira sur les six heures et demie du matin
19 mars, jour de saint Joseph, auquel non seulement il avoit toujours porté une singuliere affection
et tendresse, mais aussy comme j'ay dit, il avoit
de longue main, un singulier desir de rendre son
ame entre les mains de ce glorieux Patriarche, et de
vray, il y a quelques uns de nos Peres, qui deposent
luy avoir ouy dire qu'il esperoit mourir le jour de
saint Joseph, ce qui a esté confirmé par le tesmoignage de la Reine mere, laquelle dit publiquement
en presence de plusieurs Seigneurs et Dames de
qualité luy avoir ouy dire plus de dix ans devant,
qu'il esperoit de mourir le jour de saint Joseph.

Un quart d'heure aprez qu'il eut rendu l'esprit,
nostre eglise se trouva pleine de monde a l'occasion du jubilé et de la saison qui estoit extresmement belle. On tendit les autels de noir en pre-

sence de tout le peuple qui jetta de grands
soupirs et gemissements a la nouvelle de son decez.
Et comme c'estoit un flux d'allants et de venants,
toute la ville de Paris le sceut dans une heure,
et, ce que nous avons imputé a quelque espece de
miracle, en mesme temps qu'il expiroit, sans que
jamais aucun des nostres en eust donné aucune cognoissance, on sceut sa mort dans le Louvre,
qui est esloigné de plus d'un quart de lieüe de la
maison professe. Les predicateurs de nostre Compagnie, qui preschoient cette matinée en divers
endroits, en ayant dit la nouvelle a leur auditoire
et recommandé son ame, on entendit des sanglots
et des mouvements estranges qui furent des tes-
moings irreprochables de la vertu de ce saint
homme. Mais particulierement ne fault-il pas passer
sous silence qu'une femme de basse condition qui
prioit Dieu devant le Saint-Sacrement, a Saint-Estienne du Mont, qui estoit l'une des eglises du jubilé,
aprez ma predication, en presence de plus de
quatre mille personnes, s'escria que ce grand
serviteur de Dieu estoit asseurement en Paradis, au
nombre de ceux qui sont dans la huictiesme beati-
tude, estant mort dans les persecutions. Nous estant enquis des confesseurs de Saint-Estienne, qu'elle
estoit cette personne, on ne nous dit autre chose,
sinon qu'elle avoit accoustumé de demeurer tous

les jours longtemps devant le Saint-Sacrement, a
genoux. A cela fault adjouter la revelation communiquée a sœur Magdeleine de l'Ordre des Capu-
cines ou filles de la Passion, laquelle estant detenuë
au lict de la mort par une longue et griefve maladie
nous envoya dire par le medecin qui la traictoit,
que nous ne fussions point en peine et qu'asseurement l'ame du P. Cotton estoit en Paradis. Je laisse
les miracles qu'on pretend avoir esté faicts par son
intercession depuis nostre depart de Paris, tant
en la personne de M. l'evesque d'Orleans que de
quelques autres hommes de qualité, pour ce que
je n'en ay pas la cognoissance asseurée ; et je reviens a ce que j'ay veu de mes propres yeux.

Au retour de nos predications, qui fut environ
sur les dix heures du mesme jeudy 19 de mars,
nous fusmes effrayés du concours et de l'affluence
du peuple que nous trouvasmes dans la maison professe. Je puis dire sans exaggeration, que les deux
tiers de Paris visiterent le corps de ce sainct homme,
et l'abord fut si grand tant a l'occasion du jubilé,
que par la semonce de nos predications, qu'on
fut contrainct d'exposer son corps en public dans
la chapelle de Saint-Ignace, au lieu qu'on a coustume de mettre celuy des autres trepassez en la salle
de recreation. Mais encore nous nous aperceusmes
que l'espace estoit trop petit et qu'on avoit desja

rompeu les vitraux de la fenestre pour voir et baiser
son corps, ce qui nous obligea de le poser dans la
sacristie, ou il y eust depuis midy jusqu'a sept heures du soir le plus grand concours qui se soit veu
de memoire d'homme dans Paris. On veit bientost
les portes et les fenestres enlevées de leurs gons,
les armoires rompuës et tout comme au pillage; il
n'y avoit rien qui peust resister aux ondées, je ne
dis pas d'une simple populace, mais des seigneurs
et dames qui remplissoient nos trois basses cours,
nostre sacristie, et une bonne partie de nostre jardin et se glissoient partout jusques dans nos chambres; et nos Peres du college et du noviciat trouverent une grande resistance a nos portes, pour
entrer dans la maison professe, pour ce que les rues
de Saint-Antoine et de Saint-Paul, qui respondent
a nos deux grandes portes estoient ou pleines de
monde, ou embarassées de carosses; en somme on
entendit plusieurs personnes de qualité qui disoient
que le concours n'avoit pas esté plus grand aux
honneurs du feu Roy Henry IV, qu'il estoit aux
obseques de ce grand serviteur de Dieu. Nous nous
y preparasmes le mieux qu'il nous fut possible, sur
les six heures du soir. Il y eut une pieuse contestation a qui rendroit les derniers debvoirs a son Pere,
et chacun desirant le porter en terre, ce bonheur
tomba sur le P. Ignace en qualité de nostre Provin-

cial, le P. Charles de la Tour, Superieur de la maison professe, le P. Suffren et moy, pour ce que
nommement nous avions demandé cet advantage,
qui nous cuida couster bon. Car nous faillismes a
estouffer au sortir de la sacristie, dans laquelle nos
Peres qui nous suivoient le cierge a la main ne peurent jamais entrer, quelque diligence qu'ils en
sceussent faire. Le corps surpassant nos forces par
sa pesanteur, on trouva bon de commander a deux
de nos freres de soustenir le coffre des deux costez.
Mais nous n'eusmes pas donné le commandement
que nous vismes le corps enlevé par des Seigneurs
qui desirerent participer a ce bonheur avec nous :
ainsy le corps et ceux qui le portoient estant quasi
portés en l'air par la foule du peuple, nous arrivas-
mes au milieu de l'eglise suants a grosses gouttes. Il
fallut faire passer deux de nos freres par la fenestre
de la sacristie pour crier au peuple de se retirer et
de faire large. Mais au contraire c'estoit un debordement et un desordre merveilleux accompagné de
devotion qui nous tiroit les larmes. Il ne faut pas
oublier que M. Deslandes, doyen de la Cour, personnage tres venerable pour sa saincteté et pour son
aage, desira d'approcher du corps et le baiser au
visage, il demeura plus d'une grosse demie heure a
faire cinq ou six pas, estant enlevé par dessus les
espaules du peuple. Certes ce fut un spectacle a

fendre les cœurs de voir un vieillard a l'aage de
quatre-vingt et douze ans, baigné de larmes et jettant des sanglots, baiser et embrasser cherement
le corps de celuy qu'il avoit veu trois jours devant
haranguer si sagement dans la cour du conseil.
Durant l'office, au lieu des antiennes et versets,
nous n'entendions autre chose que ces paroles :
Vous me tuëz; j'estouffe, je meurs; et autres
semblables. Sur la fin de l'office nous ouismes un
bruit qui cuida faire egorger le monde dans nostre
eglise, car on apprehenda d'abord que ce fust quelque sedition. Mais c'estoit M. l'archevesque de
Paris, lequel estant a sa maison de Saint-Cloud et
ayant appris le decez inopiné du P. Cotton, fit at-
teler son carosse a six chevaux et s'en vint a bride
abattuë descendre a nostre maison professe, et faisant faire place, tascha de gaigner le lieu et l'en-
ceinte ou nous faisions l'office, qui estoit devant
le grand-autel. Ses estaffiers faisoient un si grand
bruit et trouvoient une telle resistance que le rochet
de mondit seigneur l'archevesque fust deschiré en
cinq ou six endroicts. Enfin il arriva comme il peust
et aborda le corps du Pere, son bon amy, puis se
tournant de tous costez fit faire silence, et prenant
l'encensoir de la main du Pere qui faisoit l'office,
fit trois tours autour du corps, puis l'alla baiser au
front, et revenant a ses pieds, luy dit les oraisons

C.   13

qui restoient de l'office, et de ses propres mains le
voulut mettre en terre, luy donnant derechef les
derniers encensements, descendit deux degrez dans
la fosse pour benir la place et voulut luy donner la
premiere poignée de terre. A son exemple, tous les
Seigneurs de marque et de qualité firent le semblable, et le desordre en fut si grand, qu'on cuida en-
sevelir tout vif un de nos garçons qui estoit des-
cendu pour poser le coffre jusques au bas de la
fosse, laquelle estoit fort profonde. Il fut mis devant l'autel de nos saints, qu'on appelloit autrefois
Saint-Pierre et Saint-Paul, tout au devant des degrez
du costé de l'epistre.

Nos Peres firent tous leurs efforts pour empescher qu'on ne luy deschira la sotanne et les orne-
ments sacerdotaux. Mais ils ne sceurent si bien
faire qu'on ne luy enleva les pantoufles, la calotte
et le bonnet quarré. La Reine mere ayant appris
qu'un de ses gardes avoit tasché par tous les
moyens possibles de s'approcher du corps pour
luy couper une piece de la sotanne, et qu'il n'avoit
pas osé par quelque consideration humaine, *c'est
un sot,* dit-elle, *qui n'a pas eu assez de courage,
car s'il eut commencé, il eut esté suivy de tout
le peuple, et c'eust esté une canonisation tacite
de ce grand serviteur de Dieu.* A l'exemple des
estrangers, nos Peres, quoyqu'ils fussent dans un

grand estonnement d'esprit pour une si grande et
si soudaine perte, se jetterent neantmoins dans la
chambre a l'issuë de la sepulture, et comme si
elle eust esté au pillage, chacun emportoit ce
qu'il pouvoit, jusques aux mouchoirs, aux plumes, dont il se servoit pour escrire, et aux linges
qui avoient servy a laver son corps aprez sa mort.
Il y eut des Princes qui demanderent quelque
chose de ses vestements, la Reine mere voulut
avoir la medaille de son chappellet, Madame la
marquise de Guercherville demanda son Reli-
quaire, M. de Chenevoux, frere du deffunt,
depescha tout exprez de Roüane ou il estoit, et
pria instamment le P. Superieur qu'on lui envoyast
la chemise ou chemisette dont il se servoit avant
sa mort. Un de nos Peres, fort devot a sa memoire, qui s'estoit saisy de l'un et de l'autre,
donna sa chemisette a condition d'avoir la calotte
qu'un de nos Peres avoit arrachée des mains d'un
estranger. Ce ne furent pas seulement nos Peres
qui tesmoignerent de l'affection a sa memoire;
mais encore tous les predicateurs, sans en excep-
ter un seul, parlerent dignement de luy dans
toutes les chaires de Paris, quoyqu'entre ceux
qui y preschoient cette année la, durant le caresme, il y en eut quelques uns fort mal affectionnez a nostre Compagnie.

Comme il n'y a medaille qui n'ayt son revers,
ni benediction qui ne traisne quelque traverse,
aussy les louanges et les honneurs que receut ce
grand homme a sa mort, eurent bien contrepoids
en trois ou quatre accidents remarquables.

Le premier fut qu'un medecin assez celebre,
qui l'avoit veu la veille de la mort, entendant
son decez inopiné, dit publiquement qu'il ne
pouvoit pas s'imaginer qu'il fust mort, et que,
s'il l'estoit, asseurement on luy avoit hasté ses
jours. Cette parole fut accueillie par quelques
uns de nos ennemis, et le diable en fit bien son
profit a nostre prejudice. Car ces mechants disoient
publiquement que nous l'avions enlevé par poison
à cause qu'il estoit grand serviteur du Roy, et
que dans le palais il avoit voulu donner une satisfaction entiere a Messieurs de la Cour, touchant
l'affaire de Santarelly. Ce que les autres qui sont,
disoient-ils, de la faction espagnole, ayant reconnu
luy avoient donné un breuvage pour avancer sa
mort.

Le second accident fut autant ou plus fascheux,
pour ce qu'un predicateur, transporté de zele,
ayant dit que c'avoit esté une mort violente de
laquelle Dieu prendroit vengeance sur les auteurs,
jugeant les juges en leur injustice; la Cour s'imagina aysement qu'on l'accusoit de cette mort, et

que nous avions mis cette parole en la bouche de
ce predicateur; d'ou il arriva que MM. de la
grand'chambre s'aigrirent contre nous, comme il
se verra cy-aprez.

Le troisiesme accident fut que plusieurs de nos
ennemis s'estant glissez a force dans la sacristie, in-
sultoient a nostre malheur par des gestes et des
grimaces pleines de cruauté ; en voyant que le
peuple chargeoit le corps du deffunt de chapelets ,
ou taschoit de le baiser au visage, ils prononçoient
des blasphesmes horribles et soulevoient des risées
insupportables. Et certes si un de nos freres qui
s'y trouva present, n'eust apaisé le peuple, ils estoient en danger de recevoir sur l'heure mesme la
recompense de leur impieté.

Le quatriesme accident est le plus fascheux de
tous et mérite d'estre raconté au long. J'ay cy-
devant remarqué qu'entre nos plus cruels ennemis,
il y avait un advocat en la cour du Parlement,
nommé *Remy* ; celuy-cy deschargea le mark de
son ecume sur la memoire du P. Cotton, dont il
fut puny avec quelque espece de miracle. Il fault
donc remarquer que ce Remy avoit esté un garcon
exposé dans l'hospital des Enfants-Rouges, et que
demandant l'aumosne dans nostre Église, il fut pris
en affection par M. Des Ruisseaux, advocat general
au grand Conseil, qui le poussa aux estudes, à

condition qu'il demeureroit tousjours affectionné
a nostre Compagnie. Et pour cet effect, il l'envoya
au college de Roüen pour y estudier. Le jeune
homme, d'une humeur de vipére, se voyant en estat
de se pouvoir passer de M. Des Ruisseaux, nostre
bon amy, s'abandonna entre les mains de M. de
Bussy, fils de M. Estienne Pasquier et par consequent nostre ennemy hereditaire. Estant donc logé
en cette maison, et ayant pris la charge des enfants de M. de Bussy, il s'adonna a frequenter le
barreau, ou il eut de trez-bons commencements,
et ne laissa ecouler aucune occasion de plaider, de
parler et d'escrire contre nous. C'est luy qui a faict
quasi tous les libelles diffamatoires qui ont esté
eclos dans Paris contre nostre Compagnie, depuis
l'an 1620 jusqu'en l'an 1626 inclusivement.

Il arriva donc aprez la mort du P. Cotton,
que cet homme laissa deborder son esprit dans une
horrible impieté. Car il fit deux libelles, les plus
infasmes du monde, a la façon de Lucian. Le premier avoit pour titre, l'*entrée du P. Cotton dans les
enfers;* le second, *la rencontre du P. Cotton et de
M. Servin en l'autre monde.* Au premier, il m'en-
velloppoit malheureusement et me faisoit compagnon de la damnation pretenduë de ce bon Pere.
Au second il controuvoit de trez pernicieuses chi-
meres, et faisant mourir le P. Cotton en la pre-

tenduë religion reformée, donnant un des-adveu
general a tous les livres qu'il avoit fait touchant la
verité du Saint-Sacrement de l'autel, et luy faisant
prononcer mille blasphesmes contre le sainct Siege
de Rome. Ces deux libelles infasmes furent accueillis
avec une grande avidité par tous nos ennemis, et
du Moustier, esprit endiablé contre nous, eut bien
l'impudence de les monstrer au Roy en son petit
coucher. Et s'apercevant que le Roy n'y prenoit pas
plaisir, il fit une farce avec deux ou trois autres,
touchant la mort du P. Cotton, et eut l'effronterie
d'inviter Sa Majesté, laquelle sçachant de quoy il
estoit question, ne les voulut jamais entendre. Depuis ce temps, Remy l'advocat roula jusques sur le
commencement de l'hiver dans de grandes impie-
tés, auquel temps il pleut à Dieu luy envoyer une
grande maladie, dans laquelle estant visitté par
M. le curé de Saint-Nicolas-du-Chardonnet, son
curé, homme de bien, et nostre intime amy, il fut
exhorté puissamment a se recognoistre et demander
pardon aux Peres de nostre Compagnie, pour avoir
nommement avec une horrible impieté violé la memoire du feu P. Cotton, et en cas qu'il ne le voulut
faire, ledit sieur curé de Saint-Nicolas luy declara
qu'il le tenoit pour excommunié et pour tel le de-
nonceroit a sa paroisse. Ces exhortations eurent un
si grand pouvoir sur l'esprit de Remy qu'il se re-

solut, quoyqu'en la maison de nostre plus grand
ennemy, de nous demander pardon. Et pour ce que
j'estois le principal interessé aprez le feu P. Cotton,
auquel il ne pouvoit satisfaire, il l'obligea de me
satisfaire par escrits; ce qu'il fit le 2ᵉ decembre
1626, estant en convalescence. Voicy les propres termes de la lettre de M. de Sainct-Nicolas-du-Char-
donnet et dudit sieur Remy, dont je garde l'original vers moy.

 « Monsieur et venerable Pere en nostre Seigneur
« Jesus, qui nous soit tousjours Jesus. Il est arrivé
« qu'en ma paroisse de Saint-Nicolas, est malade
« depuis longtemps un fort habile homme, ad-
« vocat en Parlement et precepteur des enfants
« de M. Pasquier de Bussy, auditeur des comptes,
« et demeure encore alicté de present, au logis
« dudit feu sieur; qui touché de repentance de
« cœur et interieurement, par la grace de Dieu
« et persuadé, par nous son curé, bien qu'indigne,
« de vous satisfaire, ainsy que je luy fis protester
« le jour de la communion viatique, en presence
« de trois de mes Ecclesiastiques et entre nous a
« basse voix, aujourd'huy qu'il se porte mieux,
« Dieu mercy, vous escrit et proteste, avec inge-
« nuë recognaissance de son meffaict, de vous
« faire telle satisfaction qu'il vous plaira equita-
« blement pour avoir escrit contre vous et contre

« Messieurs de vostre Compagnie outrageusement,
« pour complaire au deffunct, à qui Dieu fasse
« mercy, et a tous autres, plus que par dessein et
« par aucune mauvaise deliberation de volonté
« qu'il vous portast. Je vous prie donc d'agreer
« cet effort genereux et chrestien qu'il vous tes-
« moigne par cette lettre, *et corripias in miseri-*
« *cordia et increpes.* Vous le consolerez et moy
« aussy, au cas qu'il vous plaise de le traicter
« liberalement, *et omne debitum dimittes ei ;*
« *pro quo rogo ego conservus tuus et fratrum*
« *tuorum habentium testimonium Jesu.* En ce
« mesme nostre Jesus je suis et seray, s'il vous
« plaist, votre trez-bien acquis et vil serviteur.

« Georges Froger. »

Telle est, la teneur de la lettre de M. Froger,
curé de Saint-Nicolas.

S'ensuit la copie de celle de M. Remy, advocat :
« Mon Reverend Pere, encore que je n'aye
« jamais eu l'honneur de vous parler, je vous prie
« de ne rejetter ces lignes. Vous sçavez ce qui
« s'est passé touchant le livre de la deffense de
« Messieurs les Pasquiers, ou je confesse avoir
« escrit peu de choses bonnes et beaucoup de
« mauvaises ; mais je vous prie de croire que
« cela n'est venu de mon premier sentiment. Je
« cognois trop vostre merite, vostre vertu et

« vostre doctrine. J'ay esté forcé et sollicité par
« ceux, qui ne pouvant remuer des mains, se
« sont voulu servir des miennes. Au reste je vous
« supplie d'estouffer tous les ressentiments que
« vous en pourrez avoir contre moy, pour l'amour
« de Dieu et de celuy dont vous portez le nom,
« lequel en sa mort nous a monstré le chemin de
« pardonner les injures. Je vous escris ces mots
« estant au lict malade et ayant receu l'extresme-
« onction. Faites moy sçavoir la satisfaction que
« vous desirez de moy, en ce que je puis vous
« avoir offensé par escrit ou par la voix. Si vostre
« modestie religieuse meprise ces choses la,
« comme je crois, je vous promets que la
« satisfaction que je vous dois, rejaillira sur le
« general de vostre Ordre, au lieu du particulier,
« qui est offensé, et que je feray, si Dieu me fait
« la grace de relever de cette maladie, une apo-
« logie pour la deffense des Peres Jesuites, ou
« vous .errez quel est mon interieur et ma creance.
« Je vous prie donc de me faire sçavoir vostre
« volonté et adresser vostre lettre a M. de Saint-
« Nicolas du Chardonnet, lequel vous tesmoi-
« gnera que j'aspire au bonheur de vostre amitié,
« et que je ne veux vivre qu'en qualité de vostre
« trez humble serviteur.

« Antoine Remy. »

Je luy fis response que pour ce qui me touchoit, je ne m'en sentois aucunement offensé de ses paroles, actions ou escritures, et qu'il n'avoit aucun subject de me demander pardon, lequel neantmoins je luy octroyois trez-volontiers, et que je le deschargeois autant qu'il estoit en moy de toutes les peines qu'il avoit encouruës. Mais que pour ce qui touchoit la reputation de nostre Compagnie et la memoire du P. Cotton, il estoit obligé en conscience de faire paroistre a tout le monde un des-adveu public, et qu'il se souvint de l'auteur de l'anti-Cotton, lequel estant rentré en soy-mesme et s'estant allé confesser a un bon P. Minime, se fit Chartreux en satisfaction de ses offenses, ou il persevere encore aujourd'hui. Il receut ma lettre par l'entremise de M. de Saint-Nicolas du Chardonnet. Mais comme c'estoit une volonté et une repentance avortée, luy, estant revenu en son ancienne santé, il revint aussi à ses anciennes accoustumances et traisne encore le licol de la vengeance divine.

Je reviens aux articles de l'Arrest, laissant cet homme dans son repos. Il portoit donc que nous ferions premierement un des-adveu du livre intitulé : *Admonitio ad Regem*. Nous le fismes en mesmes termes que la Sorbonne l'avait faict et le signasmes en même nombre que nous avions signé le des-adveu du livre de Santarelly, puis l'envoyas-

mes à M. le Procureur general par le P. Tacon,
procureur de nos Provinces : ledit sieur s'en contenta et jugea que la Cour en resteroit satisfaicte,
comme en effect il arriva.

Secondement que le P. Provincial de France
procureroit des autres Provinciaux un semblable
des-adveu, sans user d'aucun terme de commandement. Le R. P. Ignace Armand jugea fort a propos
qu'il ne debvoit pas prendre la qualité de Vice-
Provincial pour ne s'embarasser point dans ces
affaires, et avoir subject de representer a la Cour
qu'il luy pleust de se contenter de nos afflictions
et considerer que nous, estant sans Superieur et
sans Chef, tout ce que nous ferions seroit subject
a des-adveu. En effect nous presentasmes requeste
a la Cour au nom du P. François Tacon, Procureur de nos Provinces a ce qu'il luy pleust nous
donner un peu de repit et de terme jusques a ce
que nous eussions response de nostre P. General;
veu que c'est a luy seul de nommer les Provinciaux, que nous n'eslisons pas capitulairement
comme les autres Ordres. Nous pensions que
cette requeste conceüe en termes pleins de respect et d'humilité joincte a la douceur et a la
devotion des festes de Pasques, deubt arrester
aucunement le cours de nos persecutions et calmer nos tempestes. Mais nous nous trouvasmes

bien esloignés de nostre compte. Car la Cour, nommement Messieurs de la Grand'Chambre qui avoient mis comme en embuscade des personnes affidées vis a vis l'hostel du Nonce, ayant appris par leur deposition que le P. Cotton avoit demeuré quatre grosses heures d'horloge avec M. le Cardinal Spada, Nonce de Sa Sainteté, le propre jour qu'il avoit esté appellé a la Cour, s'en indignerent si fort qu'ils resolurent de nous traicter avec toute sorte de rigueur; joinct a cela la calomnie publique de nos ennemis, qui nous accusoient d'avoir dit et faict prescher publiquement ce Predicateur de qui j'ay parlé cy-devant, que Messieurs du Parlement avoient tué le P. Cotton, *comme s'ils luy eussent plongé un poignard dans le sein*. Car tels estoient les termes de la calomnie. Toutes ces choses joinctes a la haine que quelques Prelats françois portoient a M. le Nonce, qu'on estimoit estre nostre protecteur, firent que la Cour ne se servist des festes de Pasques que pour avoir plus de temps a minutter l'arrest contre nous et y adjouter des circonstances odieuses. Nous sceumes qu'il y avoit deux Presidents servants a la Grand'Chambre [1], lesquels se resolurent de ne

---

[1] M. Nisard qualifie de *fervents* ces deux Présidents. Cette qualification est sans doute une erreur de son copiste : en tout cas elle

faire point leurs Pasques, jusques aprez l'execution
de nostre Arrest qui debvoit estre le lendemain
de la Dominique *in albis*. Sur ces entrefaites,
M. le Cardinal de Richelieu, qui n'estoit encore
entré dans nostre maison Professe, nous fit cette
faveur que de nous visitter le mardy de Pasques
avec une trez grande et trez auguste Compagnie,
et pour faire la chose avec plus d'eclat il entra
par l'eglise, laquelle il trouva pleine de Seigneurs
et de dames. Il s'enquit du P. Ignace du lieu ou
nous avions mis le P. Cotton, et l'ayant appris,
il monstra de gestes et de paroles le ressentiment
qu'il avoit de sa mort. Tous ces Seigneurs qui
estoient dans l'eglise prirent cette visitte pour un
bon augure; mais nonobstant toutes ces faveurs,
la Cour ne s'addoucit en façon du monde, et le propre jour assigné par l'arrest nous fusmes sommés
de representer au greffe la declaration que nous
avions faicte touchant la souveraineté de nos Roys.
Nous avions trouvé bon pour plus grande uniformité de n'en faire qu'une en françois, laquelle
nous fismes traduire en latin pour satisfaire a
l'arrest de la Cour. En voicy la teneur telle que
nous la presentasmes et mismes au greffe.

---

serait assez singulièrement appliquée à ces deux Présidents, retar-
dant leurs Pâques, pour mieux contenter leur animosité contre les
Jésuites.

Declaration des Jesuites de Paris touchant la
souveraineté des Papes et des Roys.

Il y a plusieurs gens d'honneur, bons françois et
serviteurs du Roy, qui pensent avoir quelque
subject d'estonnement de ce que jusques a present
la souveraineté des Roys, au temporel de leurs estats, ayant esté choquée mal a propos par des escrivains estrangers ; nous qui avons d'eternelles
obligations a cette couronne, et qui dans le monde
sommes en quelque estime pour le faict de la
doctrine, n'avons pris les armes pour courir a la
deffense de ceux qui nous donnent la vie. Nous
voulons tomber d'accord avec eux et passer une
condemnation honnorable, au cas qu'ils prennent
le loisir et la peine de peser meurement les raisons
qui nous ont jusques icy commandé le silence. Il
n'est quasi personne dans Paris qui n'ayt sceu et
approuvé la declaration que nous fismes publiquement en nos predications le premier dimanche des
Advents, l'an 1625, touchant deux livres pernicieux,
escrits par des personnes inconnuës, contre les
lois fondamentales de l'Estat et couronne de
France. Plusieurs qui nous ouirent ce jour là
dans les chaires de Saint-Paul, Saint-Mederic,
Saint-Gervais et autres, ne peuvent pas ignorer que

ce ne fut un dessein concerté parmy nous et une condemnation authorisée par tout le corps de nostre Compagnie. Nous pensions avoir declaré par cet acte nos sentiments autant qu'il estoit necessaire en une affaire de si grande importance, nous estant persuadé que les chaires de verité sont bien aussy considerables et aussy puissantes pour authoriser une chose que les presses des imprimeurs ; voire que nos paroles, escrites dans le cœur des auditeurs par la majesté de la predication, auraient autant ou plus de force, que si elles eussent esté gravées par des caracteres de plomb, sur un papier volant.

Plusieurs fortes considerations nous avoient empesché de passer outre, et de commettre a l'improviste, ce que la prudence nous commandoit de faire. Car nous sçavions que les affaires d'estat, tel qu'est celuy-cy se traictent beaucoup mieux par d'autres escrivains que par des religieux et nommement par ceux qu'on a tasché de rendre criminels, pour s'estre, a ce qu'on se persuade, glissé trop avant dans la cognoissance ou dans le maniement de quelques autres pratiques de moindre consequence. Que si quelques uns se sont trop hazardé ou avancé plus qu'il ne falloit, il nous semble que nous sommes en nostre debvoir, des-advoüants leurs procedures. Nous sçavons que la diversité des es-

prits et des interests ou les mouvemens differens
portent encore un surcroist de difficulté et d'em-
barassement en cette question; et s'il est possible
aux autres escrits de contenter tout le monde, il
est impossible en celuy-cy. Car bien que Messieurs
de la Cour qui demandent de nous de l'esclaircisse-
ment par escrit, soient personnes trez sages et trez
raisonnables, on ne sçaura pas neantmoins empescher un million de lecteurs de se mecontenter si
bon leur semble, et pour improuver nos travaux,
de prester à nos paroles, les passions de leur esprit
pour commentaires. Puisqu'on le faict en toutes
autres escritures, celle-cy ne sera pas exempte de
cette liberté inevitable. Nous considerions de plus
la difficulté de la chose en elle mesme, et nous
nous souvenions que telle fust l'opinion du feu
Roy Henry le Grand de glorieuse memoire, duquel
les paroles doibvent servir d'oracles a la posterité.
Car aprez la publication du livre que le feu Roy
d'Angleterre addressoit aux Princes et aux Roys
pour les souslever contre le Saint-Siege de Rome,
quelque personnage de grande authorité disant en
presence du P. Ignace Armand, lors Provincial de
nostre Compagnie, qu'il seroit expedient de faire
escrire quelques unsde nos religieux contre ce livre,
le Pere dit avec tout le respect d'un trez humble et
trez fidelle subject, que c'estoit une affaire trez es-

pineuse, de laquelle il est impossible de sortir sans blessure de part ou d'autre, et qu'il valoit mieux estouffer ces questions que de les remuer ou eventer par livres imprimez, qui ne peuvent servir qu'a porter la contagion dans les foibles esprits. A ces paroles le Roy adjouta serieusement : *Je suis de l'advis du P. Ignace.* On ne doibt donc nous imputer a crime, si jusques a present nous avons esté de l'advis du plus grand de nos Roys, en ce qui touche son estat, auquel il estoit et plus sçavant et plus interessé que nul autre. Mais puisqu'il plaist a la Cour, qui est l'interprete de la volonté de nos Roys que nous escrivions, nonobstant tous les motifs qui sembloient nous commander le silence, nous n'avons autre refuge, ny autre response a faire que nostre obeissance en la protestation publique de nostre fidelité.

Donc pour mettre nos sentiments au net, nous prenons la chose en sa source premiere. Il est a croire que ce n'est pas sans mystere si Jesus Christ a esté comparé a cette espece de metail que l'on appelle *Electre* ou *l'or blanc.* Le Prophete Ezechiel est le premier d'entre les hommes qui l'a veu sous cette figure, et il appelle sa revelation la grande vision ou vision de Dieu, pour ce que ce fust dans l'eclat de l'electre, que Dieu luy communiqua la Majesté de son Fils au mystere de son Incarnation. Or ce metail, a ce que nous apprenons de l'antiquité, est composé de l'or et de l'argent, en sorte que ce n'est ny l'un ny l'autre, dont le melange est beaucoup plus precieux que ces especes separées. Et l'Empereur Constantin voulant honorer les Reliques des bienheureux Apostres saint Pierre et saint Paul, il les enchassa dans l'electre, disant pour ses raisons, en l'epistre qu'il escrivit aux catoliques, qu'il n'y avoit metail au monde plus precieux que celuy la. Il semble que Jesus-Christ a voulu comparer sa royauté a l'electre, pour ce que c'est en sa sacrée personne, privativement a toute autre, que les deux puissances souveraines de tout le monde ont esté conjoinctes et alliées par une soudure merveilleuse, la spirituelle figurée par l'or, et la temporelle par l'argent, l'une et l'autre par le melange de toutes les deux, en sorte neantmoins que l'une enchassée dans l'autre vault mieux que les especes divisées. Le prophète Ezechiel dit qu'il s'aperceut d'un vent impetueux, d'un tourbillon et d'un feu qui brusloit autour d'une nuée avec un eclat eblouissant, et au milieu, dit-il, il y avoit une espece d'electre ou d'or blanc, comme si, par la representation de cet effroyable Majesté, il vouloit signiffier le danger qu'il y a de s'approcher de ces deux puissances souveraines. Car

ce n'est pas d'aujourd'huy qu'on a dit qu'il falloit
traicter avec les Roys, comme avec une flamme,
et s'approcher d'eux comme d'un feu. Les mou-
cherons ne voltigent jamais autour d'un flambeau
que pour marchander leur malheur ou courtiser
leur ruine. Quand l'electre se separe, l'or demeure
d'un costé, l'argent s'en va de l'autre. Et quand
Jesus Christ a esté sur le poinct de se separer de
nous, c'est a dire, quand il a dit a ses Apostres:
Il est expedient pour vous que je m'en aille, il
semble que cet electre s'est separé et que ces deux
puissances souveraines, qui s'estoient comme en-
chassées en sa personne, se soient heureusement
divisées, la spirituelle estant communiquée aux
Papes, et la temporelle aux Roys.

De la spirituelle il a dit, quand il en a revestu
son vicaire : *Paissez mes brebis, liez et deliez sur
terre.*

De la temporelle il a dit : *Les Roys des nations
commandent à leurs peuples.*

Chacune de ces deux puissances recognoist l'es-
tenduë de ses bornes, et elles sçavent qu'elles sont
establies pour s'entr'aider l'une l'autre. Comme
donc il n'est pas permis a la puissance temporelle
de troubler la spirituelle, aussy n'est-il pas permis
a celle-ci d'inquieter celle-la. Ces deux bras nous
ont esté donnés pour se secourir mutuellement,

non pas pour s'empescher l'un l'autre, ou pour
machiner la ruine de tout le corps. Et s'il arrive
qu'une main soit incommodée, l'autre n'attend pas
qu'on luy monstre son debvoir, mais elle se porte
naturellement au secours de sa sœur affligée. Aussy
si ces malheurs nous arrivoient, desquels Dieu
nous garde! qu'il y eust des schismes et des anti-
papes dans l'Eglise ou des rebellions dans les
Royaumes, qui sont les maladies des Estats, lors
la puissance des Papes seroit obligée de secourir le
temporel des Roys. Deux puissances voisines, pour
ètre voisines, ne sont pas ennemies; au contraire,
elles doibvent estre alliées plus estroitement par le
droict de voisinage; et n'est pas une bonne maxime
que tout voisin doibve estre reputé pour ennemy.
Nous n'avons jamais appris que les interests de l'esprit ou du corps deussent estre séparés ou deussent
empiéter l'un sur l'autre, pour estre les parties es-
sentielles d'un mesme composé; car c'est cela mesme
qui les rend bons amis; et si la medecine pretendoit mettre entre eux quelque mauvaise intelligence, elle ne seroit plus medecine, mais une
science venimeuse.

Nous n'avons aussy jamais appris que la puissance spirituelle des Papes et la puissance temporelle des Roys deussent estre contraires l'une a
l'autre, ou qu'elles deussent se troubler mutuelle-

ment. Et si la théologie pretendoit de mettre des
semences d'yvraye entre ces deux puissances, ce ne
seroit plus une vraye theologie, mais une pure
mateologie. Il y a des esprits si mal faicts au monde
qu'ils croyent qu'on ne peut rien accorder à l'esprit, si on ne le ravist au corps, et qu'on ne peut
rien donner au corps sans préjudice de l'esprit.
Nous donnons a l'esprit les choses spirituelles, avec
obligation d'influer sur le corps son assistance favorable. Nous donnons au corps les choses corporelles, avec obligation d'assister l'esprit en ses
necessitez. L'alliance que le grand maistre a mise
entre les deux est si estroitte, si délicate et si pre-
tieuse que l'une ne peust sortir de ses bornes sans
que l'autre n'en pastisse. Quand les philosophes
traictent de la nature et de l'essence de l'âme raisonnable, ils sont ravis d'estonnement de voir les
faveurs que Dieu a communiquées a cette noble
substance. Quand les medecins font l'anatomie de
nos corps et qu'ils considerent la merveilleuse œco-
nomie de nos parties nobles, ils s'escrient avec
Trismegiste et Galian que c'est le sage et hardy chef
d'œuvre de la nature. Mais nous n'avons pas pourtant appris qu'il deubt avoir ou qu'il y eust une
contestation mortelle entre les medecins et les philosophes. Car si les philosophes vouloient donner à
l'ame des choses corporelles, ils gasteroient tout

l'ouvrage de Dieu ; et si les medecins refusoient à
l'ame raisonnable le siege qu'elle merite dans le
cœur et dans les parties nobles, ils incommode-
roient nos affaires, au lieu de les mettre en bon
ordre. L'alliance que Dieu a faicte est si parfaicte
que tous nos efforts et toutes nos estudes ne doibvent tendre qu'a la conservation de ce que nous
ne sçaurions desmembrer sans nostre prejudice.
Quand les Apostres dirent a Jesus-Christ, en saint
Luc, chap. 22 : *Voila deux espées*, il respondit :
C'est assez, et la pluspart des interpretes accom-
modent ces paroles aux deux puissances souveraines, en sorte que ces deux espées s'entretiennent
l'une l'autre. Pour ce mot escrit au-dessus : *Duo
protegit unus*, c'est un seul Dieu et un seul Jésus-
Christ qui entretient en amitié ces deux puissances.
Qui pretend les separer ne fait autre chose que des-
unir Jesus - Christ et affoiblir l'integrité de son
Royaume. La montagne de Sion estoit une par le
bas et en sa racine, mais à mesure qu'elle s'eslevoit
en hault, elle faisoit deux collines ou deux cornes
différentes, dont l'une s'appeloit Moria, sur laquelle estoit le temple de Dieu et la Maison du
Grand-Prestre ; l'autre retenoit le nom de la belle
Sion, sur le sommet de laquelle estoit le Palais du
Roy et la Tour de David. Le Palais et le Temple,
la Tour de David et la maison du Grand-Prestre

sont à la verité des bastiments divers, mais ils sont portés sur les mesmes fondements, et posés sur la mesme puissance indivisible de celuy qui a dit par Salomon : *C'est par moy que les Roys comman-dent*, et qui a dit à saint Pierre : *Paissez mes brebis*, de façon que, qui pretendroit arracher Moria d'avec Sion, et qui voudroit diviser ces deux puissances pour introduire le schisme dans les estats, se mettroit en danger d'attirer sur sa teste les maledictions que Dieu lança sur les montagnes de division, dans Isaïe, cap. 28.

A ce propos, les anciens PP. de l'Eglise latine, qui ont honoré les Papes et les Roys comme par in-divis, ont remarqué que les deux livres du Testa-ment vieux et nouveau, les deux bras, ou les deux monstants de l'eschelle de Jacob, les deux espées de saint Luc, la verge d'Aaron et la baguette de Moyse, Sion et Moria, et en somme les deux pièces de monnoye du bon Samaritain, non seulement ne se contrarient pas, mais aussy ne se peuvent sepa-rer qu'avec incommodité. Que s'il est question de separer et de joindre cet electre mysterieux, nous recognoissons au Vicaire de Jesus-Christ la puis-sance spirituelle et toute l'estendue de la spiritua-lité et en toutes les provinces du Christianisme. Personne ne la luy contesta jamais que des esprits turbulents qui prennent plaisir à nager dans les

désordres du schisme et de l'hérésie. Nous recognoissons en eux la puissance temporelle dans leurs
Estats et dans les terres papales, lesquelles ils pos-
sedent en bons et justes titres. En suitte de celle-cy
ils ont les mesmes droicts que les Princes ont dans
leurs estats ; ensuitte de celle la , ils sont les peres
communs de tous les chrétiens, empereurs, roys,
princes et subjects, et c'est en cette qualité qu'ils
ont l'honneur de primogeniture dans le Christianisme. Le Pape donc comme pere commun des roys,
leur doibt et attend d'eux tout ce qui est dans la re-
lation de pere et de fils, c'est à dire tout ce qu'un
pere doibt a son fils bien aymé et demande de luy.
Il leur doibt ses forces spirituelles pour la conservation de leur personne et de la temporalité de leurs
Estats. Il attend d'eux leurs forces temporelles pour
la conservation des droits et privileges de son estat
ecclesiastique et spirituel, et c'est ainsy que le spirituel et temporel s'entresupportent et s'entraident
mutuellement. Qui ravit aux princes souverains
l'assistance spirituelle des papes, arrache un fleuron
de leur couronne et les bannit hors du Christianisme, les considérant comme Princes païens. Qui
ravit aux Papes l'assistance temporelle des Princes
souverains luy oste une escarboucle de sa thiare, et
renvoye l'Eglise dans les premieres saisons de son
enfance, *cum paucæ erant Christianorum plebes,*

disoit Æneas Sylvius, depuis Vicaire de Jesus-Christ.
Cette division traisneroit quant et soy une victoire
bien funeste; car chascun y perdroit de son costé,
sans aucune esperance de son profit. Nous recognoissons aux Roys et aux Princes souverains un
pouvoir absolu et temporel de leurs estats et des-
advoüons tous ceux qui les font tributaires ou des-
pendants de quelque autre puissance temporelle.
Un Roy legitime de sa couronne ne relesve que de
Dieu seul pour la possession de ses estats et pour le
gouvernement politique de son royaume, auquel gouvernement et possession, le Vicaire de Jesus-Christ
n'y pretend ny droict, ny recognoissance temporelle, comme les evesques ne pretendent aucun
droict sur leurs diocesains, pour les troubler en la
joüissance de leurs biens acquis, ou laissez par pa-
trimoyne. Les titres anciens de tous les Roys Chrestiens hereditaires, establissent cette verité par la
formule authentique et generale que porte le Roy
par la grâce de Dieu. Nous disons les Roys hereditaires, pour ce qu'il s'agit maintenant de ceux-la,
et non pas des Princes electifs qui ne le sont que
par le consentement des peuples et par les suffrages
des electeurs. Donc que les Roys hereditaires, sans
parler des electifs, ne tiennent leurs estats que de la
main de Dieu et ne sont responsables qu'a luy seul
pour le gouvernement politique et temporel de leur

royaume. Il est vray qu'ils sont hommes, mais entre
les hommes ils sont les premiers hommes, comme
entre les Roys, les nostres sont les premiers de tous
les Roys.

Tel est donc l'ordre et la subordination de nos
hommages pour le tout, c'est à dire pour le spirituel et le temporel ensemble. Nous adorons Jesus-
Christ et nous le regardons comme l'electre du prophete Ezechiel dans l'eclat de sa Majesté Divine.
Pour le spirituel nous recognoissons le Pape son
Vicaire. Pour le temporel nous recognoissons le
Roy comme vifve image de Dieu. S. Pierre premier Vicaire de Jesus-Christ nous des-advoüeroit si
nous faisions autrement, et lanceroit contre nous
l'anatheme, si nous n'honorions nos Roys par
un honneur convenable a la grandeur de leur
Majesté. Car tel est le commandement qu'il nous
en a faict en sa premiere canonique : Craignez Dieu,
dit-il, et *honorez le Roy*. Il n'y a point de milieu
entre ses paroles, entre les Roys et Dieu, pour ce
qu'il s'agit de l'honneur que nous debvons aux
Roys, images de Dieu. Il estoit Pape, il y alloit de
ses interests autant que de tout autre, et comme
les Papes succedent a la puissance de S. Pierre,
aussy succedent-ils a son sentiment et sçavent avec
honneur demesler leurs droicts d'avec ceux des
Princes temporels.

*Nec imperator jura Pontificatus arripuit, nec
Pontifex imperatorium nomen usurpavit : quo-
niam Christus sic actibus propriis et dignitate dis-
tinctis officia potestatis utriusque decrevit;* et le
Pape Gelase recognoist clairement en l'epistre
dixiesme a l'Empereur Anastase qu'il y a deux
puissances souveraines : *Quibus principaliter mun-
dus regitur, auctoritas sacra Pontificum et regalis
potestas.* Tel a esté le sentiment des chrestiens de
l'Eglise naissante qui a coulé jusqu'à nous. Car
ceux qui ont rendu aux vicaires de Jesus-Christ
tout ce que nous leur debvons, c'est a dire l'o-
beissance et l'amour de vrays enfants, ont parlé de
leurs Empereurs, comme nous parlons de nos
Roys, quand a ce qui touche l'honneur et l'hom-
mage des subjects. *Colimus Imperatorem*, disoit
Tertullien, *si quomodo et nobis licet et illi expe-
dit, ut hominem a Deo secundum, et quicquid est
a Deo consecutum, et solo Deo minorem hoc et
ipse volet sic sibi major est, si solo Deo minor est.*
Il n'y a prince souverain qui ne s'accorde volontiers et ne souscrive a cette proposition. Car c'est
en celle la que nous les mettons par dessus tous les
hommes, quand nous les mettons immediatement
au dessous de Dieu. Il n'y a aussy vicaire de Jesus
Christ, qui ne soit de cet advis en la question des
choses temporelles qui dependent du gouverne-

ment politique des Estats; ils se contentent d'estre
les premiers hommes aprez Dieu pour le spirituel,
comme ils veulent que les Roys soyent les premiers
hommes pour le temporel. Un Roy, dans son estat
s'appelle βασιλευς, comme qui diroit βασις λαου,
le fondement et le chef du peuple pour les choses
temporelles. Et comme Yves de Chartres disoit en
l'epistre 171, que le maniement des choses temporelles appartient aux Roys dans leurs Estats, a cause
qu'ils sont *Basilei, id est fundamentum populi,*
aussi les Papes qui sont dans le christianisme *Basilei et fundamentum populi* pour les choses spirituelles, en doivent avoir le maniement avec independance. Que s'il y a gouvernement absolu dans
la chrestienté pour les choses temporelles, nous
usons de nos droits et disons que c'est le royaume
de France, et partant s'il s'interesse plus avant dans
cette question que les autres Estats, qu'on ne le
trouve pas estrange, veu la souveraineté absolue
du temporel que nous avons independante de toute
autre puissance humaine. Car il pourroit y avoir
des royaumes et des estats en la chrestienté qui
n'ont pas une telle independance du Saint-Siege de
Rome que nous avons, et partant nous ne pre-
tendons pas envellopper nos droicts avec les leurs.

De tout ce que nous avons dit jusques icy, il se
doibt tirer par une droicte et necessaire conse-

quence, que les escrits et les maximes qui ont esté
debattuës ou mesme tenuës par quelques escrivains, contre les sacrées personnes des Roys,
nommement en cette saison, sont des discours non
seulement trez inutiles et trez imprudents, mais
aussy des propositions trez pernicieuses et pleines
de scandale, qui ne peuvent aboutir qu'a la subver-
sion totale des Estats, a la division trez odieuse de
ces deux puissances, a l'affoiblissement de l'amour
et de la fidelité, que les subjects doivent a leurs
souverains, et en somme a la confusion generale de
tout le monde. Ce sont les idoles de la maison de
Jacob qui doibvent estre ensevelies bien avant au
pied de Terebinte; ce sont les semences de l'yvraye
que l'homme ennemy de la paix tasche de jetter
dans le bon grain pour couvrir nos guerets de trez
cruelles guerres et funestes divisions, comme il a
fait autrefois a la ruine des royaumes et du christianisme. Tout ce que nous pouvons faire en cette
occasion, c'est d'arracher cette malheureuse en-
geance aux despends de nos vies et par l'espanche-
ment de notre sang, estouffant par un perpetuel
silence le germe contagieux de ces malheureuses
maximes.

Tel fut le jugement des derniers Estats Generaux
de France, ausquels aprez la harangue du trez illustre Cardinal du Perron, faicte sur ce subject,

fut arresté qu'on ne pouvoit toucher a telles propositions. Ce que depuis le trez illustre Cardinal de Richelieu en la trez docte response qu'il a faicte aux Ministres de Charenton, Chapitre VIII, a confirmé par des raisons qui n'ont point de repliques. Nous suivons en cela leurs exemples et taschons de servir Dieu et le public a l'abry de ces deux Puissances Souveraines , recevant du Vicaire de Jesus Christ les influences spirituelles, et du Roy les faveurs temporelles qu'il luy plaist nous eslargir, comme a ses humbles et trez fidelles subjets. Nous prions suivant l'advertissement du grand Apostre : *Pro Regibus et Principibus qui in sublimitate sunt , ut quietam et tranquillam vitam agamus ,* Nous sommes serviteurs de l'une et l'autre puissances. Les Vicaires de Jesus Christ nous font cette faveur de nous employer a la conversion des infidelles, ou graces a Dieu nos travaux ne sont pas mesprisables. Le Roy nous a fait cet honneur de nous maintenir dans les Etats, ou nous taschons de n'estre pas inutiles.

Que si l'on veut pour conclusion scavoir nostre sentiment touchant l'asseurance et l'incolumité de sa sacrée personne, nous sommes de l'advis des Peres assemblez au sixiesme Concile de Tolede, desquels il y en avoit une partie de bons françois, et disons de nostre Roy trez chrestien , ce qu'ils ont

dit de leurs Princes : *Quicumque a nobis vel a to-
tius Franciæ populis qualibet conjuratione , vel
studio, sacramentum fidei suæ, quo pro Regiæ
salutis conservatione pollicitus est, temeraverit, aut*
Regis nostri Ludovici *nece tyrannica Regni fasti-
gium usurpaverit, Anathema sit in conspectu Dei
Patris et Angelorum atque ab Ecclesia Catholica
quam profanavit perjurio, efficiatur extraneus.
Quod iterum secundo replicamus dicentes : Quicumque quolibet tractu, vel studio Sacramentum
fidei suæ, quod pro conservatione Regiæ salutis
pollicitus est, violaverit , aut Regem nostrum
Ludovicum nece attrectaverit, anathema sit in
conspectu Jesu Christi atque Apostolorum , et ab
Ecclesia Catholica fiat extraneus. Hoc et tertio
clamamus dicentes : Quicumque quolibet tractu
vel studio, Sacramentum fidei suæ pro Conservatione Regiæ salutis violaverit , anathema sit
in Conspectu Spiritus Sancti et Martyrum ejus ,
atque ab Ecclesia Catholica quam profanaverit, efficiatur extraneus, et cum diabolo et Angelis ejus
æternis suppliciis addicatur.*

Telle fut nostre declaration , laquelle aprez avoir
passé par les mains de quinze de nos Peres, et
aprez avoir esté ponctuellement examinée jusques
a une virgule, fut trouvée assez passable et aucunement propre pour donner de la satisfaction a l'un

et a l'autre party en une matière si chatoüilleuse.

M. le Procureur general, nostre sincere amy, ayant appris que feu M. l'evesque de Geneve avoit traicté ce subject en une sienne lettre du gré des Papes et des Roys, nous envoya le livre marqué de sa main pour en faire nostre proffit. Et au mesme temps les religieux de Saint-Victor ayant appris par le bruit commun et par la teneur de l'arrest, que nous estions obligez de faire cette declaration, nous envoyerent un vieux livre escrit d'un docteur de Sorbonne, nommé Me Antoine Tiffaud, lequel par le commandement de Charles cinquiesme avoit traicté et decidé cette question en vieux gaulois. A vray dire ny l'un ny l'autre ne nous servit pas grandement, pour ce que Me Antoine Tiffaud fondoit tout son discours sur les fables du saccagement de la ville de Troie, et sur la venue de Francion dans les Gaules, lequel, a son dire, avoit appelé la France de ce nom, comme estant franche des excommunications et des bulles des Papes, qui est un grand estourdissement d'esprit. Et pour M. l'evesque de Geneve, le titre de la lettre nous monstroit qu'elle nous debvoit estre inutile; car il escrivoit a une femme de cette affaire dangereuse, plus tost pour satisfaire a sa curiosité, que pour epuiser la question et la traicter à fond. Nous ne laissons pas pourtant d'avoir les obligations entieres a M. le

Procureur general, et aux RR. PP. de Saint-Victor,
qui userent d'un *passe-droict* en nostre faveur,
pour ce qu'estant deffendu par leurs loix de des-
chaisner aucun livre manuscrit de leur librairie
qu'en necessité fort extresme, ils ne firent aucune
difficulté, ains se sentirent fort obligez, a la moindre signification que nous leur en donnasmes.

Un President de la Cour, des plus envenimez
contre nostre Compagnie, s'estant doubté que le
P. Denys Petau seroit plus propre pour traicter
cette affaire au gré du Parlement que tout autre
Jesuite, faisoit courir le bruit que c'estoit l'unique
qui pouvoit donner de la satisfaction au Parlement,
c'est a dire de defendre la commune opinion de
nos Peres. On le pria donc pour n'obmettre aucune
voye d'accord de s'y employer serieusement, ce
qu'il fict avec plús de doctrine que de satisfaction.
Car il tranchoit un peu trop court et trop severe-
ment en faveur des droicts ecclesiastiques, ce qu'il
fit et par motif de sa propre conscience et pour
estouffer l'opinion de ce President, laquelle sous
pretexte d'amitié estoit trez pernicieuse a son innocence.

Nos Peres donc par commun advis trouverent
bon de presenter la declaration françoise que noùs
avons vuё cy-devant avec sa traduction latine,
faicte quasi mot pour mot par un de nos Maistres

de Rhétorique du College de Clermont. Nous la fismes voir premierement a M. le Cardinal de Spada, nonce de Sa Sainteté, lequel nous asseura qu'on en demeureroit satisfaict a Rome, puis à M. le Procureur General et a M. Deslandes doyen de la Cour, nos intimes amis, lesquels aprez l'avoir examinée nous donnerent cette asseurance qu'elle contenteroit le Parlement, comme en effet il arriva. Car, soit que Mgr le Cardinal de Richelieu, qui nous obligea fort en cette derniere affaire, declarast son sentiment a quelques Presidents et leur fist entendre qu'il fallait estouffer cette question, soit que nostre declaration leur donnast quelque espece de contentement en apparence, nous n'entendismes plus parler de cette affaire.

Et aprez que M. Duval [1] accompagné de quatre

----

[1] André Duval, une des gloires de la Sorbonne, se montra toute sa vie l'ami des Jésuites. Son amitié ne fut ni platonique, ni intéressée comme celle de tant de gens, habiles à ne point se compromettre dans les jours mauvais, et fort gracieux avec les *bons Pères*, quand on les croyait en faveur.

André Duval fut non-seulement un ami sincère et constant, mais un défenseur toujours prêt à payer de sa personne au moment du danger. Les Jésuites ses contemporains se montrèrent reconnaissants, et leurs successeurs n'ont cessé de vénérer la mémoire de cet homme de bien, do cet intrépide ultramontain. Nous, héritiers des obligations de nos Anciens, nous sommes heureux d'acquitter, après plus de deux siècles, cette dette de cœur. C'est sans doute

des plus anciens de la Sorbonne eust faict entendre
a la Reine, qu'il estoit prest avec la meilleure partie de son College d'espancher son sang ou sortir

---

en parlant de semblables obligations qu'on a dit : *On s'enrichit en
payant ses dettes.*

Robert Duval, docteur de Sorbonne et neveu de notre bienfai-
teur, a écrit la vie de son oncle. Si cette vie, restée manuscrite,
ne brille pas par la clarté du style, elle montre du moins la piété
et le bon cœur de l'écrivain. Nous empruntons à cette vie du vénérable André Duval, le passage où ses sentiments sur la Compagnie
sont résumés par son biographe :

« Les Révérends Pères Jésuites, cette Compagnie si célèbre et si
« utile à l'Eglise, qui sacrifient leur vie pour la gloire de Dieu et
« la conversion des pécheurs, quelques personnes mal intention-
« nées prirent résolution de poursuivre leur expulsion hors du
« royaume de France; le Vénérable André qui les a toujours ho-
« norés et respectés s'y opposa courageusement, et ayant disposé
« bon nombre de personnes de mérite et de piété à l'accompagner
« vers Mgr le Cardinal de Bourbon, qui était logé à l'hôtel abbatial
« de Saint-Germain-des-Prez, il fut avec ces messieurs trouver ce
« grand Cardinal auquel il porta la parole, suppliant Son Eminence
« d'interposer son autorité près de Henri IV, pour rompre le coup
« et empêcher ce dessein : depuis il a toujours conservé de l'affec-
« tion et du zèle pour tout ce qui les regardait, s'étant même ex-
« posé en beaucoup de rencontres pour leur défense. La fermeté
« avec laquelle il parla en la délibération qui fut faite pour l'exa-
« men de deux sermons composés en l'honneur de saint Ignace,
« instituteur de cette Compagnie, la force qu'il fit paraître en d'au-
« tres temps fâcheux ont été des preuves et des marques assurées
« de son respect et de son amitié. Il avait coutume de dire qu'il ne
« fallait point tant désirer de saint Ignace des miracles, l'institu-
« tion de son Ordre qui paraît en sa sage conduite, qui agit et
« travaille par charité, en des emplois si grands et si saints, en

du Royaume plus tost que de souscrire à la censure
de Santarelly, nous veismes un grand changement
aux affections de leurs Majestez et de la Cour.

« l'instruction des enfants, la prédication de la parole de Dieu,
« la composition et édition de tant de livres excellents, l'adminis-
« tration des sacrements, l'édification des bons, la correction et la
« conversion des pécheurs, étant un miracle très-signalé. »

(*Vie mss.*, p. 40.)

Plus loin Robert Duval raconte comment son oncle reçut du Général de la Compagnie un témoignage authentique de sa recon-
naissance :

« Le Révérend Père Coton, l'un des plus illustres de la Compa-
« gnie de Jésus, fit toujours beaucoup d'état de l'amitié du Véné-
« rable André, avec qui il conférait volontiers des points de doc-
« trine et de conscience, étant bien aise de recevoir ses résolutions.
« Il avait fait l'expérience de son zèle et de son affection en des ren-
« contres fâcheuses, et ayant, pour témoignage de gratitude, obtenu
« au Vénérable André, du Général de leur Compagnie, des lettres de
« participation particulière à leurs prières, il lui écrivit en ces ter-
« mes : Monsieur, j'ai grand regret de ce que je ne peus vous porter
« moi-même les lettres patentes de Notre Révérend Père Général,
« par lesquelles il vous reçoit à la particulière participation de tout
« le bien que la grâce de Dieu opère en notre Compagnie et par
« icelle; il y a peu de personnes à qui cela soit mieux dû qu'à vous,
« duquel je suis de cœur et d'âme, Monsieur, le serviteur très-
« humble et très-affectionné en Notre-Seigneur.

« Pierre COTON, de la Compagnie de Jésus. »

(*Vie Mss.*, p. 186.)

M. Nisard prête une de ses distractions à André Duval, en lui
faisant dire : *qu'il était prêt, avec la meilleure partie de son collége, d'épancher son sang AU sortir du royaume plutôt que de
souscrire à la censure de Santarelli*. Duval disait : verser son
sang, OU sortir du royaume. La disjonctive n'aura pas été comprise,
ou la copie de M. Nisard aura été mal corrigée : c'est fâcheux !

Car M. de Marillac, a present garde des sceaux, dit courageusement a la Reine mere qu'il n'estoit pas temps de faire des Martyrs, et qu'il valoit mieux estouffer ces semences de divisions. Il est vray que M. de Filesac, un des plus anciens docteurs de Sorbonne, et des plus ardents contre nostre Compagnie cuida gaster toutes nos affaires. Car ayant appris l'action genereuse de M. Duval, il gagna six ou sept des plus anciens et portez du mesme esprit que luy, pour faire une deputation au Roy, toute contraire a celle de M. Duval. Il est vray que Dieu le punit évidemment. Car ayant commencé sa harangue, il s'égara si fort, aussi bien que le Recteur Tarin, qu'il ne luy resta aucune parole en bouche que celle la : *Sire assistez nous par de la les monts.* D'ou c'est que toute la Cour estant estonnée, et le Roy plus que les autres, luy demanda de quelles montagnes il parloit et de quelles affaires il estoit question, d'ou c'est que toute leur deputation se traduisit en risée.

Depuis ce temps qui fut le commencement du mois de may, soit que nos ennemis fussent harassez, soit, comme nous estimons, que les prieres du feu P. Cotton eussent addouci l'aigreur des esprits, nos affaires allerent visiblement de bien en mieux. Car le Pape ayant trouvé bon d'escrire a Sa Majesté le deplaisir qu'il avoit de cette question, meuë mal a propos et hors de saison, et ayant declaré que c'estoit contre sa volonté, que telles questions s'agitassent par livres imprimez; et d'autre part M. le Cardinal de la Rochefoucaud, avec quelques Prelats bien sensez, ayant remonstré au Roy le danger qu'il y avoit dans cette censure du livre de Santarelly, elle fut revoquée, ou, a tout le moins fort, modifiée par un acte de Sorbonne.

Comme nous estions dans la douceur de la securité, Mgr l'Evesque de Belley [1] par trop d'affection

---

[1] L'Evêque de Belley a prononcé beaucoup de panégyriques et personne n'a songé à faire le sien : tout au contraire, bien des écrivains ont mal parlé de lui, et, nous devons le dire, toutes ces plumes n'étaient pas tenues par des ennemis de l'Eglise. On a même voulu faire de Jean-Pierre Camus un des héros de Bourg-Fontaine. Les accusations sont restées sans preuve. Quand nous verrons un Evêque, le disciple et l'ami de saint François de Sales, convaincu d'avoir pactisé avec les Jansénistes et les ennemis de l'Eglise, nous le leur abandonnerons. En attendant nous le tiendrons pour un honnête homme, digne de l'amitié de son maître et de l'épiscopat.

L'Evêque de Belley s'est fait des ennemis: sa plume, comme aussi sa langue, allaient un peu trop vite et mordaient assez souvent dans le vif. Ses bons mots, ses romans, ses satires contre les moines mendiants et vagabonds, empêchaient beaucoup de gens de lui pardonner ses défauts en considération de son zèle et de ses grandes qualités. Aidé par sa prodigieuse mémoire, il faisait pleuvoir les discours et les livres sur ses contemporains ébahis de sa fécondité. Cette mémoire, il en convenait bonnement lui-même, *le suffoquait en prêchant et même en écrivant*, et semblait faite au détriment de son jugement. Saint François de Sales le félicitait gracieusement de cet aveu et lui disait en l'embrassant : *En vérité, je*

cuida renouveller les playes qui commençoient à se
fermer d'elles mesmes. Car ayant esté prié de prescher le jour de S. Ignace l'an 1626, dans nostre

---

connais maintenant que vous y allez tout à la bonne foi. Je n'ai
jamais trouvé qu'un homme, avec vous, qui m'ait dit n'avoir
guère de jugement ; car c'est une pièce de laquelle ceux qui en
manquent davantage pensent en être les mieux fournis.

Nous aurons ailleurs occasion de parler plus longuement de
l'Evêque de Belley : terminons cette note par la copie d'une de ses
lettres, adressée au P. Recteur du collége de Chambéry. Nous la
croyons inédite :

    « Monsieur et Reverend Pere,

    « J'ay jà escript a mon P. Brossard, mais ça esté tousjours avec
« tant de precipitation, que je n'ay eu loisir que de vous marquer
« mes humbles recommandations. Maintenant je me conjouis avec
« vous du très-digne General qu'a votre Compagnie, en la personne
« du Reverendissime P. Mutio Vitteleschi, gentilhomme romain,
« que j'ay veu et ouy a Rome avec admiration. C'est un personnage
« qui en tout ne respire que sainteté, et dont la suffisance est
« extresme, notamment en faict de predication. Car je ne croys
« point en ce genre, d'oser qu'on puisse monter a un si hault faiste.
« Je ne sçay si V. R. l'aura jamais veu. Il a tout l'air du P. Coton.
« Je dis en la face et aux paroles et au proceder. Dieu benisse cette
« election si canonique, d'un progrez tel que je le souhaite, moy
« Archijesuite de cœur, d'ame et de tout. Ingrat serois-je, si
« ayant receu, notamment en ce voyage d'Italie, tant de tesmoi-
« gnages d'amitié, par tous les lieux ou s'estend vostre Compa-
« gnie, je ne me prostestois partout Jesuite formé, et comme tel,
« je vous supplie de me tenir comme,

        « Monsieur et Reverend Pere,

    « Vostre tres humble et conserviteur de Dieu,

  « Le jour de l'an 1616. »   « JEAN PIERRE, Ev. du Belay.

Cette lettre fait partie des manuscrits provenants de notre ancien
collége de Clermont.

Église de la maison Professe, il le fit avec plus de
passion et de vehemence que nous ne l'eussions
desiré, prenant pour son theme les paroles de
S. Luc, chap. 21 : *Cum audieretis prœlia et seditio-
nes nolite terreri*, et il rendit raison pour quoi
preschant à la feste d'un Confesseur, il avoit choisy
les paroles que l'Eglise a coustume d'appliquer aux
Martyrs, d'autant, disoit-il, que les Jesuites en
ce temps sont de vrays martyrs, et leurs ennemis,
de vrays tyrans et de vrays persecuteurs, et
puis se tournant devers la Chapelle de nos saincts,
qui garde les os du feu P. Cotton, il apostropha ce
grand serviteur de Dieu avec des paroles si pleines
de vehemence qu'on n'entendoit en son auditoire
que larmes et sanglots, et l'appela cinq ou six fois
glorieux martir et deffenseur de l'authorité de l'É-
glise. Ces paroles ne pleurent pas à tout son auditoire ; car il y en eut qui s'en allerent immediatement aprez souslever l'esprit des juges, ce qu'ils
firent avec tant d'efficace, que le lendemain premier
jour d'aoust il y eust arrest contre Mgr l'Evesque
de Belley, et commandement au Gardien du grand
couvent des Cordeliers ou il debvoit prescher le
jour suivant, de luy fermer la chaire de son eglise.

Comme les esprits effarouchez tournent toutes
les choses en venin, il y eut un President qui
porta un almanach dans la chambre du conseil,

auquel, a son dire, nous avions estouffé la memoire
de Saint-Germain-l'Auxerrois pour y substituer la
feste de Saint Ignace nostre fondateur. Car il est
vray que Saint-Germain-l'Auxerrois qui est titulaire
de la principale paroisse de Paris echeoit le mesme
jour que Saint-Ignace, et que le faiseur d'almanachs de la rue Montorgüeil avoit depuis trois ans
a nostre desceu substitué Saint Ignace à Saint-Germain-l'Auxerrois, dont il pleust a ce President de
faire un plat de service contre nous. Mais il se ter-
mina a une reprimande que la Cour fit a ce faiseur
d'almanachs, et en un murmure trez inutile qu'on
entendit l'espace de quinze jours contre M. du
Belley, lequel ne laissa pas neantmoins de continuer ses predications et parler aussy courageusement qu'il eust jamais faict!

Tel est au vray le cours des troubles suscitez contre nous depuis l'an 1624, desquels nous avons
veu le progrez et la fin, au contentement et satisfaction personnelle de tous nos Peres qui n'ont pas
faict un petit proffict dans cette persecution.

AD MAJOREM DEI GLORIAM.

APPENDICE.

—

Les pièces réunies dans cet Appendice n'ont pu, à cause de leur étendue, entrer dans notre introduction : nous les donnons ici, comme pouvant servir aux futurs biographes du P. Garasse.

La première est extraite d'un Ménologe manuscrit, destiné, comme on le sait, à être lu publiquement, chaque année, dans les Maisons de la Compagnie. Ce Ménologe fait partie des Archives de Bordeaux :

Decimo quarto Junii (1631).

« Pater Franciscus Garassus excellentis vir ingenii pluri-
« mæque eruditionis et insignis facundiæ, mansuetudine et
« affabilitate per quam amabilis, quamvis impiorum fuerit
« etiam acerrimus insectator et voce viva et scriptis frequen-
« ter libris. Cum pietatem eximie semper incoluisset, tum
« vitæ anno postremo, ardentissime in omnia religionis offi-
« cia incubuit, ac se in humillima quæque et asperrima pœni-
« tentiæ opera sic effudit, ut supremum ad certamen compa-
« rare sese videretur. Sævissima Pictavii coorta lue, a Supe-
« rioribus summa contentione evicit, peste infectis ut minis-
« traret, inter quos confestim ipse febri pestilente correptus,
« a publico nosocomio deferri se in ædes commodiores non
« est passus ; verum æger ægros verbo pariter exemploque
« consolans et adhortans, magno cum sensu pietatis gravis-
« simoque civitatis amplissimæ desiderio, sacrificium illud
« suum charitatis consummavit. »

Les vers de Malherbe et de Racan transcrits dans cet Appendice se trouve en tête de la *Somme théologique* du P. Ga-

rasse. Nos vieux maîtres en poésie n'ont pas été toujours aussi bien inspirés.

Epigramme pour le dessein de ce livre (La Somme théologique).

Esprit qui cherchez à mesdire,
Addressez-vous en autre lieu :
Cette Œuvre est une Œuvre de Dieu :
Garasse n'a fait que l'escrire.   MALHERBE.

Autre, à l'Autheur de ce Livre.

En vain, mon Garasse, la rage
De quelques prophanes esprits ;
Pense diminuer le prix
De ton incomparable ouvrage.
Mes vers mourront avecque moy,
Ou ton nom, au nom de mon Roy
Donnera de la jalousie :
Et dira la postérité,
Que son bras deffit l'Hérésie,
Et ton sçavoir l'Impiété.   MALHERBE.

Epigramme aux Impies.

Brutal Escholier d'Epicure,
Plus insensible que les morts,
Pourceau dont l'erreur se figure
Que tout finit avec le corps :
Quand tu vois les doctes merveilles
Qu'a faict naistre en ses longues veilles
Ce grand ornement de nos jours
Peus-tu croire, esprit infidelle,
Que tant d'admirables discours,
Soient partis d'une âme mortelle ?   RACAN.

Nous avons parlé de la querelle de Balzac et de Garasse, et de leur réconciliation. Pour la rendre publique, Garasse écrivit des compliments comme on les faisait alors, en phrases un peu tourmentées, mais fort goûtées des lecteurs : il disait à Balzac... « Tibi uni prope datum est Heroicas, gra-
« vesque literas condere : scripsit Ovidius Heroidas, sed
« Balzacus Heroicas : pluribus abstineo, ne quod judicio
« dico, adulationi imputet qui non norit me hujus criminis
« immunem, imo et hostem, etc... »

Assurément Balzac le savoit à n'en pouvoir douter et en avoit fait l'expérience ; Garasse n'étoit ni courtisan ni flatteur.

Voici la réponse de notre grand artiste en bijouterie littéraire : comme toujours, le sentiment s'exprime en phrases travaillées en manière de tours de force. Au reste c'est proprement servi, et Garasse dut être content de son élève :

Lettre de Monsieur de Balzac au R. P. Garassus de la Compagnie de Jésus.

« MON RÉVÉREND PÈRE,

« Vous avez trouvé l'endroit par où je confesse que je suis
« foible, et pour m'obliger de me rendre, vostre courtoisie
« n'a rien laissé à faire à mon courage. Puisque vous em-
« ployez toutes vos muses pour me demander mon amitié,
« et que vous l'avez des-ia payée de la vostre, je ne puis
« plus me la retenir que comme le bien d'autruy. Mais
« quand cela ne seroit pas, mes ressentiments ne sont point
« si chers, que je ne les donne souvent à de moindres rai-
« sons que celles qui les ont fait naistre ; et mes passions ne
« vont point si avant, qu'elles ne demeurent tousiours en la
« puissance de la religion et de la philosophie. Jusques icy
« j'ai peu deffendre une cause juste : mais apportant davan-
« tàge de résistance à ce que vous désirez, je ferois que le
« bon droit mesme auroit tort s'il estoit de mon costé, et de

« la simple inimitié qui a esté permise en quelques Répu-
« bliques, je passerois jusqu'à la tyrannie, qui est odieuse
« à tout le monde. Puisque nous durons si peu, il n'est pas
« raisonnable que nos passions soient immortelles, ny que
« ceux-là se soulent de la vengeance, à qui Dieu en a def-
« fendu aussy bien l'usage que l'excez ; c'est une chose qu'il
« s'est réservée toute pour soy, et à cause qu'il n'y a que lui
« seul qui sache bien user de cette partie de la justice, il ne
« l'a pas voulu mettre entre les mains des hommes, non plus
« que la foudre et les tempestes. Arrestons nous donc dans
« nos premiers mouvements, car c'est desja trop d'avoir
« commencé : n'appelons point courage la dureté de notre
« cœur, et si vous m'avez prévenu en l'ouverture de la paix
« que nous traictons, ne vous repentez pas de m'avoir osté
« par là tout l'honneur qu'il y avoit à y acquérir. Autrefois
« la magnanimité et l'humilité pouvoient estre deux choses
« contraires, mais depuis que les principes de la Morale ont
« esté changés par les principes de l'Évangile, et que les
« vices des payens sont devenus des vertus chrestiennes, il
« y a des laschetez qu'un homme de courage doit faire, et
« ce n'est plus à ceux qui ont triomphé des innocents, que
« la véritable gloire appartient, mais c'est aux Martyrs qu'ils
« ont faicts, et aux personnes qu'ils ont opprimées. Que s'il
« faut passer des considérations généralles à ce qui est de
« particulier entre vous et moy, comme il n'y auroit point
« d'apparence qu'un religieux voulust troubler le repos de
« ses pensées, et quitter la compagnie de Dieu et des Anges,
« pour venir se mesler parmy les meschans, et faire une
« partie de nos désordres, j'aurois encore moins de rai-
« son d'aller chercher un ennemy hors du monde, dans le-
« quel il y a tant de Huguenots à haïr, et tant de rebelles à
« combattre. Aussi, mon Père, quelque opinion que vous
« ayez eüe, et quoyque j'aye dit au commencement de cette

« lettre, mon dessein ne fut jamais de vous faire une véri-
« table guerre : je n'ay point senty l'esmotion que j'ai tes-
« moignée, et toute ma colère estoit artificielle, lorsque quel-
« ques unes de mes parolles ne vous estoient point avanta-
« geuses ; si bien que je consens librement que ce qui a esté
« escrit à Hydaspe (sur Garasse), passe pour un jeu de mon
« esprit, et non pas pour une preuve de ma créance, et qu'on
« pense que j'ai seulement voulu faire voir que je pouvais estre
« plus fort que la vérité, si je ne voulois pas estre pour elle.
« Cette science qui a bien osé entreprendre de persuader
« aux malades que la fièvre quarte est meilleure que la santé,
« la Rhétorique, dis-je, qui a trouvé des louanges pour Bu-
« syris, qui a fait une apologie pour Néron, et obligé tout le
« peuple Romain de douter si la justice estoit une chose
« bonne ou mauvaise, peut bien encore aujourd'huy s'exer-
« cer sur des subjects qui sont eloignez des communes opi-
« nions, et par des feuites agréables exciter plustost de
« l'admiration en l'esprit des hommes qu'y gaigner de la
« créance. Elle se fait des phantosmes pour les deffaire, elle
« a du fard et des desguisemens pour altérer la pureté de
« toutes les choses du monde, elle change de party sans lé-
« gereté, elle accuse l'innocence sans calomnie. Et certes et
« les peintres et les acteurs ne sont point coulpables des
« meurtres que nous voyons dans les tableaux et sur les
« théatres; mais en cela; celuy qui est le plus cruel, est ce-
« luy qui est le plus juste. On ne peut pas convaincre de
« faussetez ceux qui font des miroirs qui représentent un
« objet pour un autre, et l'erreur est quelquefois plus belle
« que la vérité. En un mot la vie des sages mesme n'est pas
« toute sérieuse, toutes leurs parolles ne sont pas des ser-
« mens, et tout ce qu'ils escrivent ce n'est pas leur testa-
« ment, ny leur confession de foy. Que faut-il que je vous
« die davantage? Pensez-vous que je sois assez délicat pour

« condamner le goust de cette grande multitude qui va es-
« couter tous les matins ? Vous imaginez-vous que moy et le
« peuple ne puissions jamais estre du mesme advis , et que
« je veuille m'opposer à la créance des gens de bien, à l'ap-
« probation des docteurs , et à l'authorité de ceux qui sont
« au-dessus des autres ? Non , mon Père , je ne donne pas
« tant de liberté à mon esprit; asseurez vous que je vous es-
« time comme je doys, je loüe vostre zèle et vostre doctrine ,
« et quoyqu'il soit plus vray qu'il ne fut jamais, que c'est
« faire de grands péchez que de faire de grands livres ,
« néantmoins si vous m'obligez de juger du vostre, parce
« que vous m'en avez envoyé, je dis hardiment qu'il est très
« excellent en son genre, et qu'il ne tiendra pas à Monsieur
« de Malherbe ny à moy que vous n'ayez rang parmy les
« Pères des derniers siècles. Mais ce n'est pas nostre tesmoi-
« gnage qui sera le fruict de nostre travail , je désire de bon
« cœur que ce soit la conversion des impies et des infidèles ,
« et il me semble que toute la gloire du monde doit estre
« contée pour rien par ceux qui ne cherchent que l'avance-
« ment de celle de Dieu. Je n'ay donc garde de m'estendre
« davantage sur ce subject , ny de faire tort aux choses
« sainctes par des louanges profanes. Mon intention est seu-
« lement de vous tesmoigner que je ne prens pas si peu de
« part aux intérests de l'Eglise, que je ne sache bon gré à
« ceux qui luy rendent du service, et que je suis fort aise
« qu'outre les raisons que j'ay d'estimer vostre amitié, une
« si puissante que celle de la Religion, m'y oblige encore
« davantage. »

Poitiers, typ. et stéréotyp. OUDIN.